DE GLÖMDA DRUVORNA

VINPROVARENS FULLSTÄNDIGA GUIDE TILL 103
DRUVSORTER I PORTUGAL

FREDRIK ÅKERMAN

De glömda druvorna - vinprovarens fullständiga guide till 103 druvsorter i Portugal

© 2023 Fredrik Åkerman

Omslag av Daniel Brandt

Illustrationer av Mette Korsmoe Koverberg

Utgiven av FA Education and Publishing, Lund , 2023

ISBN 978-91-988155-0-4

Denna bok – min första – är tillägnad min fantastiska hustru för hennes aldrig sinande stöd och kärlek. Tack för allt! Utan dig hade denna bok aldrig varit möjlig.

INNEHÅLL

Inledning   9

Varför har Portugal så många inhemska druvsorter?   13
Karta över Portugals vinregioner   17

DE SJU MEST BETYDELSEFULLA SORTERNA

Alvarinho   21
Aragonez   24
Baga   28
Castelão   31
Touriga franca   34
Touriga nacional   37
Trincadeira   41

TOLV MYCKET BETYDELSEFULLA SORTER

Alfrocheiro   47
Alicante bouschet   50
Arinto   53
Bical   56
Fernão pires   58
Gouveio   61
Loureiro   64
Malvasia fina   66
Moscatel galego branco   69
Síria   72
Syrah   75
Vinhão   78

ANDRA VANLIGA SORTER

Alicante branco   83
Antão vaz   85
Avesso   87
Azal   89
Bastardo   91

Caladoc	94
Camarate	96
Carrega branco	98
Chardonnay	100
Cornifesto	103
Diagalves	105
Encruzado	107
Gouveio real	109
Jaen	111
Malvasia preta	113
Malvasia rei	115
Marufo	117
Merlot	119
Moreto	122
Moscatel graúdo	124
Negra mole	127
Rabigato	129
Rabo de ovelha	131
Rufete	133
Tinta barroca	136
Tinta carvalha	139
Tinta gorda	141
Trajadura	143
Viosinho	145
Vital	147

OVANLIGA SORTER

Agronómica	151
Água santa	153
Alvarelhão	155
Amaral	157
Borraçal	159
Casculho	161
Cerceal branco	163
Cercial	165
Códega do larinho	167
Complexa	169
Donzelinho branco	171
Dorinto	173
Espadeiro	175

Folgasão	177
Fonte cal	179
Grand noir	181
Malvasia de são jorge	183
Manteúdo	185
Mourisco branco	187
Mourisco de semente	189
Padeiro	191
Perrum	193
Petit verdot	195
Pinot noir	198
Preto martinho	201
Sauvignon blanc	203
Seara nova	206
Sémillon	208
Sercial	211
Tália	214
Tamarez	216
Tinta caiada	218
Tinta da barca	220
Tinta francisca	222
Tinta miúda	224
Tinta negra	226
Tinto cão	229
Trincadeira das pratas	231
Verdelho	233

UTROTNINGSHOTADE SORTER

Arinto dos açores	239
Barcelo	241
Caracol	243
Donzelinho tinto	245
Galego dourado	247
Jampal	249
Malvasia cândida	251
Malvasia de colares	253
Ramisco	255
Sercialinho	257
Terrantez	259
Terrantez do pico	261

Tinta grossa	263
Touriga fêmea	265
Uva cão	267
Framtiden ser ljus ut	269
Tack	271
Källförteckning	273
Register över druvsortsnamn	275

INLEDNING

En oproportionerligt stor andel, cirka 10 procent, av världens druvsorter som används för vinframställning är portugisiska. I Portugal står de inhemska och iberiska druvsorterna för cirka 90 procent av vinodlingsytan och präglar därmed de portugisiska vinernas karaktär på ett avgörande sätt. Dessutom går allt fler portugisiska druvsorter på export, till exempel odlar man numera touriga nacional i Bordeaux. För dig som vinprovare och vinintresserad är det därför redan idag viktigt att ha kunskap om portugisiska druvsorter.

Men hur förstår man ett lands druvsorter om samma druvsort kan gå under väldigt många namn och samma namn används för väldigt många olika druvsorter? Och hur förstår man vinerna druvsorterna ger om det är nästintill omöjligt att hitta någon tillförlitlig information om karaktärerna som druvsorterna bidrar med?

Det här får du lära dig

Genom att läsa denna bok och testa vinerna jag tipsar om kommer din förståelse av de portugisiska vinerna och vinlandet Portugal att öka betydligt. Du kommer därmed att på ett djupare plan kunna njuta av Portugals viner och kanske till och med bli bekantskapskretsens Portugalexpert.

Här kommer du att lära dig vilka karaktärsdrag de olika druvsorterna ger vinerna och räta ut eventuella frågetecken kring druvornas identitet och namn. Du kommer också att lära dig var varje druvsort odlas, hur vanliga de är och var de har sitt ursprung. Avslutningsvis avslöjar jag även druvsorternas eventuella egenheter som kan påverka dess användning på ett avgörande sätt.

Bakgrunden till denna bok

Redan när jag gick min vinutbildning, för 32 år sedan, störde det mig mycket att det var så svårt att läsa sig till vad olika druvsorter bidrar med till ett vins karaktär. När jag några år senare började fokusera på Portugal upptäckte jag att det även var svårt att hitta tillförlitlig information om olika druvsorters verkliga identitet. Under mina 27 år som föreläsare och provningsledare med fokus på vinlandet Portugal, har jag också upptäckt att just problemet att förstå de portugisiska druvsorterna ofta står i vägen för förståelsen av och intresset för de portugisiska vinerna. Därför känns det helt naturligt att ämnet för min första bok blev druvsorter i Portugal.

Under min karriär i vinbranschen har jag fått djupdyka i kunskapen om vinlandet Portugal. Bland annat har jag följt – och följer fortfarande noga – den senaste forskningen om de portugisiska druvsorterna.

Så här använder du boken

I det första kapitlet försöker jag svara på frågan varför Portugal har så många inhemska druvsorter.

Därefter har jag delat in de 103 druvsorterna denna bok handlar om i fem grupper:

- de sju mest betydelsefulla sorterna
- tolv mycket betydelsefulla sorter
- andra vanliga sorter
- ovanliga sorter
- utrotningshotade sorter.

För dig som vill lära dig det viktigaste, räcker det kanske att lära sig de sju mest betydelsefulla sorterna och sedan använda resten av boken som uppslagsbok. Vill du utveckla din expertis ytterligare kan du genom min indelning välja hur djupt du vill dyka i Portugals druvvärld.

Enstaka synonymer är kursiverade, vilket betyder att det statliga institutet för vinodlingar och vin (Instituto da Vinha e do Vinho, förkortat IVV) av traditionella skäl har erkänt denna synonym för officiell användning. Synonymen är därför extra viktig och förekommer oftare. I den löpande texten kursiverar jag ibland också ord eller namn som jag tycker är extra viktiga.

För att göra vintipsens hållbarhet längre har jag valt att inte ta med årgångar, utan i stället välja viner som brukar ha en hög och jämn kvalitet. Bland rekommendationerna hittar du namnet på vinproducenten inom parentes direkt efter namnet på vinet. Ibland saknas vinrekommendationer och det beror oftast på att det inte görs några endruvsviner alls på druvsorten i fråga. Det kan även bero på att det bara finns något enstaka endruvsvin som jag inte alls tycker är representativt för druvsorten.

Var kan du köpa vinerna?

Tyvärr finns endast ett fåtal av vinerna jag rekommenderar på Systembolaget. Ska du få tag på dem måste du därför beställa antingen direkt från producenten (vilket många gånger är möjligt) eller på en vinförsäljningssajt. De hemsidor jag själv använder är:

- www.garrafeiranacional.com
- www.portugalvineyards.com

Gratis lathund med 103 druvsorter

Du kanske tycker det är för omständigt att ta med denna bok när du ska prova vin. Eller så vill du ha information om ett större antal portugisiska druvsorter. I så fall kan du **gratis** ladda ner min 8-sidiga lathund, där vinkaraktären för samtliga **103 druvsorter** finns med. Gå in på **vinhaportugal.com/sv/lat** eller skanna QR-koden nedan.

VARFÖR HAR PORTUGAL SÅ MÅNGA INHEMSKA DRUVSORTER?

I förhållande till sin storlek har Portugal med sina drygt 250 inhemska druvsorter den största mångfalden druvsorter i världen. Detta beror på att sjöfarande folk sedan före istiden har blandat inhemska sorter med sorter från Mellanöstern och östra delen av Medelhavsområdet.

Vinrankans ursprung

Vinväxtfamiljen (Vitaceae) uppkom troligtvis redan för cirka 70 miljoner år sedan och bredde då ut sig över det som idag motsvarar Europa, Asien och Nordamerika.

När Nordatlanten bildades genom att Nordamerika och Eurasien skiljdes åt för cirka 50 miljoner år sedan, skapades separata utvecklingar inom vinsläktet (Vitis). Det undersläkte som utvecklades i Europa och i västra delen av Asien kallas Euvitis och den har bara en enda art – europeisk vinranka (Vitis vinifera) – som uppkom för cirka 3 miljoner år sedan. Denna har i sin tur underarter – den vilda vinrankan (sylvestris), som uppkom för cirka 1 miljon år sedan, och den odlade vinrankan (sativa), som uppkom för 12 000 till 10 000 år sedan.

Den vilda vinrankan finns både som hon- och hanplantor. Hanarna behövs för pollineringen och bara honorna får druvor. Två till tre procent av de vilda vinrankorna är dock tvåkönade och det var dessa människan valde att odla, eftersom de kunde befrukta sig själva och alla få druvor.

Istid skapade genpooler

För 2,6 miljoner år sedan påbörjades en period med istider, elva hittills. Under istiderna försvann vinrankan till stora delar från Europa, bara i mindre områden med mildare klimat kunde de överleva. Under mellanistiderna spred sig vinrankorna igen.

Under den senaste istiden, för 115 000–11 500 år sedan, var Nordeuropa täckt av inlandsis och Centraleuropa av ständig tjäle (permafrost). Vinrankan överlevde därför troligtvis bara i sydöstra Turkiet, på de grekiska och turkiska öarna i Egeiska havet, på Sicilien, på södra Sardinien och på sydvästra Iberiska halvön. Från dessa genpooler härstammar alla dagens europeiska druvsorter.

Efter istiden spred sig vinrankan norrut till Centraleuropa igen med hjälp av fåglar.

Varför började människan plocka druvor?

Vad fick människan att klättra upp i ett högt träd för att nå små, sura, mörkröda druvor som hade väldigt lågt näringsvärde? Den mest troliga teorin är att de lockades av druvorna, men när de upptäckte hur sura de var så lät de dem ligga i en klippspricka. Efter några dagar upptäckte de att saft från bären sipprat ut och jäst. Av nyfikenhet smakade de på det lågalkoholiga vinet och blev svagt berusade och avslappnade. Denna känsla var så positiv och lockande att de fortsatte samla druvor och göra vin.

Sydöstra Turkiet – vinodlingens vagga

Traditionellt hävdar många att vinodlingens vagga finns på höglandet i nordöstra Turkiet, norra Iran, Armenien och Georgien. Detta beror på att ampelografer, arkeologer, botaniker och druvgenetiker här har hittat fynd från tidig vinodling och vinframställning. Ungefär 50–60 mil åt sydväst, i dagens sydöstra Turkiet, ligger den norra delen av det som kallas den fertila halvmånen. Detta område har forskare även pekat ut som ursprungsplatsen för alla indoeuropeiska språk och den moderna västerländska civilisationen. Arkeologiska och genetiska studier har också pekat ut området som centrum för domesticeringen av flera grundläggande grödor, såsom enkornsvete, ärter, kikärter, linser, emmer och råg. Eftersom forskare dessutom har hittat det närmaste genetiska förhållandet mellan vilda och odlade vinrankor i detta område, är det idag många med mig som tror att den norra delen av den fertila halvmånen är vinodlingens verkliga vagga.

När började människan odla vin? Troligtvis för omkring 12 000– 10 000 år sedan, när vi blev permanent bofasta jordbrukare. De tidigaste helt säkra bevisen är dock "bara" cirka 7 400 år gamla.

Odlingen av vin spred sig västerut

Till att börja med spred sig vinodlingen från sydöstra Turkiet till övriga Mellanöstern och östra Medelhavsområdet, bland annat till Fenicien (dagens Libanon och Syrien) och Grekland. För 3 000 till 2 200 år sedan anlade sjöfarande handelsfolk, såsom tartessier, fenicier och greker, kolonier längs Iberiska halvöns kuster, där de bland annat odlade druvor och idkade handel med vin. Allt tyder på att deras vinodlingar bestod av druvsorter från respektive hemland. Dessa sorter kom på sikt att på naturlig väg korsa sig med lokalt odlade och vilda sorter.

För drygt 2 200 år sedan påbörjade romarna sin invasion av Iberiska halvön, och drygt 100 år senare hade de total kontroll över halvön. Under de cirka 500 år som de styrde över Iberiska halvön, hade de ett mycket stort inflytande på hur vinodlingen och vinframställningen utvecklades. Vin var en mycket viktig produkt i Romarriket, bland annat eftersom det var en väsentlig del av militärens lön. Därför spred de också sina egna druvsorter till de erövrade områdena i riket och dessa kom också på sikt att på naturlig väg korsa sig med lokalt odlade och vilda sorter.

Religionernas påverkan

Redan för drygt 1 400 år sedan kristnades Portugal, vilket medförde att vinodlingarna bredde ut sig än mer (speciellt runt stiftstäderna). Trots att man kom under islamskt styre hundra år senare, levde religionen och vinodlandet vidare. Styret var nämligen mycket tolerant. Muslimerna konsumerade själva mycket bordsdruvor och russin, så de arabiska druvsorter som de introducerade bidrog ytterligare till den genetiska mångfalden.

Oproportionerligt stor andel av världens druvsorter

Globalt finns cirka 10 000 druvsorter, men endast drygt 1 000 av dem används idag för att framställa vin. I Portugal finns drygt 250 inhemska druvsorter, men bara runt hälften används idag i kommersiell vinframställning. Hur man än räknar kan man inte annat än konstatera att en oproportionerligt stor andel av världens druvsorter för vinframställning är portugisiska, vilket har sin grund i den ovan beskrivna förhistorien och historien.

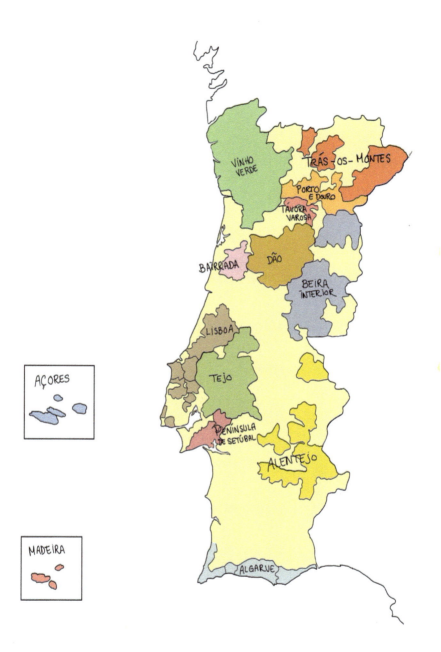

DE SJU MEST BETYDELSEFULLA SORTERNA

En grön och sex blå druvsorter har jag utsett till *de mest betydelsefulla sorterna*. De ger ofta högkvalitativa viner, är väl spridda i landet och täcker tillsammans drygt en tredjedel av Portugals totala vinodlingsyta.

ALVARINHO
PORTUGALS RIESLING

- **Vintyper:** vitt och mousserande.
- **Vinaromer:** kraftiga som liknar grapefrukt, lime, citron, bergamott, kvitten, persika, passionsfrukt, litchi, apelsinblom, jasminblom och mineral.
- **Synonymer:** alvarinha, galego och galeguinho.

Det finns en legend som handlar om att munkar någon gång på 1100-, 1200- eller 1300-talet förde med sig ett antal vinrankor riesling från Rhendalen till Galicien. Legenden har stöd i att vinkaraktären som alvarinho ger är mycket lik rieslingens. Dessutom har druvnamnet sitt ursprung i de latinska orden alba riño, som fritt översatt betyder den vita från Rhen. Allt detta tyder på att alvarinho och riesling är en och samma, eller i alla fall mycket närbesläktade druvsorter. DNA-analyser motsäger dock dessa berättelser. Forskarna har inte hittat något närmare släktskap mellan alvarinho och riesling.

Ursprung i Vinho Verde

Alvarinho uppkom i Vinho Verde-regionens delregion Monção e Melgaço genom en naturlig korsning mellan två ännu okända föräldrar. Att ursprungsområdet är just Monção e Melgaço bevisas av att druvans genetiska mångfald är som störst här.

Odlas i Vinho Verde

Vinho Verde-regionen, särskilt delregionen Monção e Melgaço, är det huvudsakliga odlingsområdet för alvarinho. Den totala odlingsytan i Portugal är stor, och trenden är att den ökar. Utanför Portugal odlar man alvarinho i huvudsak i Spanien, under namnet *albariño*.

Kvalster är det största hotet

Alvarinho har små druvklasar, vilket ger relativt låg avkastning. Vinrankorna är känsliga för kvalsterangrepp och vinbladsmögel, och druvorna är känsliga för mjöldagg.

Rekommenderade viner

Från Vinho Verde-regionen:

- Curtimenta (Anselmo Mendes)
- Parcela Única (Anselmo Mendes)
- Soalheiro Primeiras Vinhas Alvarinho (Quinta de Soalheiro)
- Soalheiro Reserva Alvarinho (Quinta de Soalheiro)
- Soalheiro Terramatter Alvarinho (Quinta de Soalheiro)
- Sou Alvarinho (Quinta de Santiago)
- Tempo (Anselmo Mendes)
- Vinha da Coutada (Vale dos Ares).

Från Douroregionen:

- Poeira Alvarinho (Quinta do Poeira).

Från Lisboaregionen:

- 221 Alvarinho (AdegaMãe).

ARAGONEZ
DEN MEST ODLADE

- **Vintyper:** rött och rosé.
- **Vinaromer:** mycket kraftiga som liknar körsbär, jordgubbe, hallon, björnbär, plommon, katrinplommon, fikon, läder, tobak, vilda blommor, svartpeppar och vanilj.
- **Synonymer:** abundante, aragón, aragones, aragonês, aragonêza, arinto tinto, *tinta roriz* och tinta santiago.

Enligt en legend är aragonez nära släkt med eller samma druvsort som pinot noir. Pilgrimsvägen från Frankrike till Santiago de Compostela i nordöstra Spanien går genom Rioja och Ribera del Duero. Munkar på pilgrimsvandring från Cîteaux-klostret i Bourgogne sägs ha tagit med sig vinrankor av pinot noir, och det var så aragonez kom till Spanien. DNA-analyser motsäger däremot denna legend helt.

Ursprung i Spanien

Aragonez uppkom i Aragón i Spanien genom en naturlig korsning mellan albillo mayor från Ribera del Duero och benedicto med okänt ursprung. I Aragón finns skriftliga omnämnanden som går att spåra ända tillbaka till 1200-talet.

Alentejo var den första vinregionen i Portugal där man odlade aragonez – druvan nämns i dokument från så tidigt som år 1515. Från Alentejoregionen spred sig aragonez i början av 1800-talet till Douro-regionen. De första odlingarna i Douro var troligtvis på egendomen Quinta do Roriz och man gav därför druvsorten det regionala namnet tinta roriz. Först under återplanteringsprogrammen på 1980-talet vann tinta roriz mark, och den är idag den näst mest odlade druvsorten i regionen, efter touriga franca.

Odlas i inlandet

Portugals inland (Douro, Alentejo, Dão, Trás-os-Montes och Beira Interior) är de huvudsakliga odlingsområdena för aragonez, men relativt stora odlingar finns också i Lisboaregionen. Den totala odlingsytan i Portugal är mycket stor, men trenden är att den minskar. Utanför Portugal odlar man aragonez i huvudsak i hemlandet Spanien, under namnet *tempranillo*, och i Argentina.

Lättodlad trots flera hot

Vinrankan knoppar sent och undviker därmed eventuell vårfrost. Druvorna mognar tidigt, vilket gör att man slipper riskerna med nederbördsrikt och fuktigt höstväder samt de sjukdomar detta kan ge. Sammantaget gör detta druvan relativt lättodlad och därmed också populär bland vinodlare.

Men det finns ett antal hot mot aragonez. Mjöldagg angriper lätt druvorna, och vinrankan råkar lätt ut för vinbladsmögel och vinrankslövhoppare. Därutöver drabbas den lätt av mineralbrist.

I Portugal varierar kvaliteten enormt mycket, men den når aldrig höjderna i Rioja och Ribera del Duero i Spanien. Störst problem medför den naturligt höga avkastningen, som ger tunna och endimensionella viner. Druvorna är också mycket känsliga för regn innan skörd, eftersom detta spär ut både färg och kraft. Många odlingslägen har också visat sig vara för varma, vilket skapar obalanserade viner. Vinproducenter får alltså de bästa vinerna från naturligt lågavkastande och relativt svala odlingar där dessutom risken för regn före skörd är låg.

Rekommenderade viner

Från Douroregionen:

- Monte Meão Vinha do Cabeço Vermelho (Quinta do Vale Meão)
- Pôpa Tinta Roriz (Quinta do Pôpa)
- Quinta da Pacheca Tinta Roriz Grande Reserva (Quinta da Pacheca)
- Quinta do Crasto Tinta Roriz (Quinta do Crasto)
- Quinta do Portal Tinta Roriz (Quinta do Portal)
- Quinta do Vallado Tinta Roriz (Quinta do Vallado).

Från Alentejoregionen:

- Aragonez da Malhadinha (Herdade da Malhadinha Nova)
- Canto do Zé Cruz Aragonez (Herdade do Esporão)
- Cortes de Cima Aragonez (Cortes de Cima)
- Explicit X Aragonez (Jorge Rosa Santos)
- Quinta do Mouro Aragonez (Quinta do Mouro).

Från Dãoregionen:

- Enxertia Tinta Roriz (Casa da Passarella)
- Quinta de Lemos Tinta Roriz (Quinta de Lemos)
- Quinta dos Roques Tinta Roriz (Quinta dos Roques).

Från Beira Interior-regionen:

- QC Tinta Roriz Bio (Quinta da Caldeirinha).

BAGA
PLOCKAS OFTA OMOGEN

- **Vintyper:** rött och mousserande.
- **Vinaromer:** kraftiga som liknar körsbär, svarta vinbär, björnbär, mullbär, mörka plommon, kaffe, tobak, rök, honung, peppar, kamfer, hö och örter.
- **Synonymer:** baga de louro, carrasquenho, carrego burros, paga dívida, poeirinha, poeirinho, tinta bairrada, tinta da bairrada och tinta de baga.

Baga betyder bär på portugisiska och är därför ett mycket passande namn på dessa relativt små druvor.

Ursprung i Dão

Baga uppkom i Dãoregionen genom en naturlig korsning mellan malvasia fina från Douroregionen och en ännu okänd förälder. Att ursprungsområdet är just Dão bevisas av att druvans genetiska mångfald är som störst här.

Odlas i Bairrada

Bairradaregionen är det huvudsakliga odlingsområdet för baga, men relativt stora odlingar finns också i Dãoregionen. Den totala odlingsytan i Portugal är stor, men trenden är att den minskar.

Ofta tunna, strama och vegetala viner

Baga har täta klasar av sent mognande druvor, och i kombination med det fuktiga klimatet i Bairradaregionen leder detta till att druvorna lätt angrips av gråmögel. För att undvika dessa problem är det tyvärr vanligt att vinodlare plockar druvorna för tidigt. Om en producent gör vin på omogna druvor blir det tunt, syrligt och extremt strävt med en starkt vegetal karaktär. Dessutom mognar vinet sedan snabbt när det väl har tappats på flaska. Denna vinkaraktär betonas ytterligare om producenten använder traditionella vinframställningsmetoder, vilket bland annat innebär att man inkluderar stjälkar i den jäsande musten. Dessa problem gör att både årgång och vinproducent har ovanligt stor betydelse för kvaliteten.

Bäst mognar druvorna om de får växa på en varm och soldränkt plats som har lång växtsäsong. Då hinner aromerna utvecklas och tanninerna mogna.

Rekommenderade viner

Från Bairradaregionen:

- Gonçalves Faria Tinto (Quinta de Baixo)
- Kompassus Private Collection (Kompassus)
- Missão (Filipa Pato)
- Outrora Baga Clássico (V Puro)
- Quinta das Bágeiras Garrafeira (Quinta das Bágeiras)
- Quinta do Ribeirinho Pé Franco (Luís Pato)
- Vadio Rexarte (Adega do Vadio)
- Vinha Barrosa (Luís Pato).

Från Dãoregionen:

- Quinta da Pellada Baga (Quinta da Pellada).

CASTELÃO
INTE PERIQUITA

- **Vintyper:** rött.
- **Vinaromer:** mycket kraftiga som liknar röda och svarta vinbär, jordgubbe, hallon, blåbär, björnbär, mullbär, katrinplommon, blommor, sylt, vilt och tjära.
- **Synonymer:** bastardo castico, bastardo espanhol, castelão francês, castellam, castellao, castellao portugues, castico, catelão, joão de santarém, joão santarém, mortágua, *periquita*, piriquita, piriquito, santarém och trincadeira.

Periquita betyder parakit, vilket är en ovetenskaplig benämning på vissa mindre, långstjärtade papegojor. På en av José Maria da Fonsecas vinodlingar fanns dessa papegojor, vilket är anledningen till att vinodlingen fick namnet Cova da Periquita. Vinet som ursprungligen gjordes av druvor från denna odling fick därmed namnet Periquita. Detta vin, som huvudsakligen var gjort på druvsorten castelão, blev en stor succé. Vinnamnet smittade därför av sig på druvsorten och folk började kalla castelão för periquita. Men egentligen är alltså Periquita en vinodling, ett vin och ett varumärke – inte en druvsort.

Ursprung i söder

Castelão uppkom någonstans i södra halvan av Portugal genom en naturlig korsning mellan alfrocheiro från Dãoregionen och mourisco branco från sydvästra Iberiska halvön. Detta betyder att castelão är syskon till camarate, casculho, cornifesto, jampal, malvasia preta, moreto och tinta gorda. Castelão är en mycket gammal druvsort vars första skriftliga omnämnande är från år 1531.

Odlas i söder

Södra Portugal (Península de Setúbal, Lisboa, Tejo och Alentejo) är det huvudsakliga odlingsområdet för castelão. Den totala odlingsytan i Portugal är stor, men trenden är att den minskar.

Lagom varmt och nederbördsrikt klimat

Castelão är känslig för svalt och nederbördsrikt väder, vilket lätt kan leda till att blomningen eller druvutvecklingen misslyckas. Omvänt ger ett för varmt och torrt klimat tunna och endimensionella viner, ett tydligt exempel på detta är castelãoviner från Alentejo. Delregionen Palmela i Península de Setúbal-regionen verkar dock ha det perfekta mellantinget, och vinerna härifrån är också de bästa.

För övrigt är vinrankorna bara känsliga för vinranksvecklarnas larver som angriper blommor och druvor. Castelão är därmed en relativt robust och härdig druvsort. Detta i kombination med den regelbundna och höga avkastningen från de relativt stora och täta druvklasarna har gjort druvsorten väldigt populär bland vinodlare.

Rekommenderade viner

Från Península de Setúbal-regionen:

- Horácio Simões Grande Reserva Vinhas Velhas (Horácio Simões)
- Leo d'Honor (Casa Ermelinda Freitas)
- Pegos Claros Grande Escolha (Herdade Pegos Claros)
- Periquita Superyor (José Maria da Fonseca)
- Quinta do Piloto Garrafeira (Quinta do Piloto)
- Trois Castelão (Trois Portugal).

Från Lisboaregionen:

- Ramilo Vinhas Velhas Tinto (Casal do Ramilo).

Från Alentejoregionen:

- Sem Vergonha (Susana Esteban)
- Tinto de Castelão Reserva (Fitapreta Vinhos).

TOURIGA FRANCA
VARKEN FRANSK ELLER ÄRLIG

- **Vintyper:** rött, rosé, mousserande och starkvin.
- **Vinaromer:** kraftiga som liknar körsbär, smultron, jordgubbe, hallon, blåbär, björnbär, mullbär, ros, cistros, viol och örter.
- **Synonymer:** albino de souza, esgana cão, rifete, touriga, touriga frances, *touriga francesa* och tourigo francês.

Det första namnet på touriga franca var troligtvis tinta da frança ("den röda från Frankrike"). Därefter blev det tinta francesa ("franska röda").

Från 1940-talet till år 2000 hade den namnet touriga francesa ("franska touriga"), och från år 2000 har den hetat touriga franca ("ärlig touriga"). Trots alla hänvisningar till Frankrike har druvsorten inget släktskap med landet, och frågan är varför den skulle vara mer ärlig än andra druvsorter som heter touriga.

Ursprung i Douro

Touriga franca uppkom i Douroregionen genom en naturlig korsning mellan touriga nacional från Dãoregionen och marufo från Iberiska halvön. Detta betyder att touriga franca är syskon till tinta barroca och tinta da barca från Douroregionen. Avsaknaden av större genetisk mångfald och gamla omnämnanden i skrift tyder på att det är en relativt ung druvsort, troligtvis från mitten av 1800-talet.

Odlas i Douro

Douroregionen är det huvudsakliga odlingsområdet för touriga franca, men relativt stora odlingar finns också i resten av Portugals inland (Trás-os-Montes, Beira Interior och Alentejo). Den totala odlingsytan i Portugal är mycket stor, men trenden är att den minskar.

Relativt lättodlad i varma lägen

Touriga franca är en tålig druvsort som gillar värme. Den är mycket motståndskraftig mot sjukdomar och har en regelbunden och hög avkastning. För hög avkastning eller för svala odlingslägen ger dock låga sockernivåer. De täta klasarna angrips lätt av mjöldagg och även vinranksvecklarnas larver kan angripa blommor och druvor.

Rekommenderade viner

Från Douroregionen:

- Pacheca Grande Reserva Touriga Franca (Quinta da Pacheca)
- Passadouro Touriga Franca (Quinta do Noval)
- Pôpa TF (Quinta do Pôpa)
- Quinta da Romaneira Touriga Franca Vinhas Velhas (Quinta da Romaneira)
- Quinta de Ventozelo Touriga Franca (Quinta de Ventozelo)
- Quinta do Crasto Touriga Franca (Quinta do Crasto)
- She by Poeira (Quinta do Poeira).

Från Alentejoregionen:

- Alcunha Tinto (Miguel Louro Wines).

Blomningen misslyckas lätt

Touriga nacional lider av sitt överskott på växtkraft och sin extrema känslighet för svalt och fuktigt väder under sin tidiga blomning. Avkastningen är därför bara måttlig och mycket varierande. Dessutom är vinrankornas ved mycket känslig för röta.

Rekommenderade viner

Från Douroregionen:

- Monte Meão Vinha dos Novos (Quinta do Vale Meão)
- Quinta do Crasto Touriga Nacional (Quinta do Crasto)
- Vale da Raposa Touriga Nacional (Alves de Sousa)
- Quinta da Gricha Touriga Nacional Talhão 8 (Churchill Graham)
- Quinta do Noval Touriga Nacional (Quinta do Noval)
- Touriga Nacional Cima Corgo (Maçanita Vinhos)
- Touriga Nacional Letra A (Maçanita Vinhos)
- Vallado Touriga Nacional (Quinta do Vallado).

Från Dãoregionen:

- Carrocel (Quinta da Pellada)
- Dão Private (Anselmo Mendes)
- Julia Kemper Touriga Nacional (Julia Kemper)
- Quinta de Lemos Touriga Nacional (Quinta de Lemos)
- Quinta dos Roques Touriga Nacional (Quinta dos Roques)
- Único (Quinta dos Carvalhais)
- Villa Oliveira Touriga Nacional (Casa da Passarella)
- Vinha dos Amores Touriga Nacional (Casa de Santar).

Från Alentejoregionen:

- Cabriolet (Susana Esteban)
- Dona Maria Touriga Nacional (Júlio Bastos, Dona Maria Vinhos)
- Selectio Touriga Nacional (Paulo Laureano)
- Quinta do Mouro Touriga Nacional (Quinta do Mouro).

Från Lisboaregionen:

- CH by Chocapalha Red (Quinta de Chocapalha)
- Ramilo Touriga Nacional (Casal do Ramilo).

TRINCADEIRA
KRYDDIG OCH SVÅR ATT SKÖRDA

- **Vintyper:** rött och rosé.
- **Vinaromer:** kraftiga som liknar hallon, björnbär, katrinplommon, peppar, kanel, kryddnejlika och örter.
- **Synonymer:** castiço, crato preto, crato tinto, espadeiro, mortágua, mortágua preto, murteira, preto martinho, rabo de ovelha tinto, rosete espalhado, *tinta amarela*, tinta amarelha, tinta amarella, tinta manuola och trincadeira preta.

Flera både blå och gröna druvsorter har fått namnet trincadeira, vilket leder till en del förvirring.

Ursprung i Lisboa

Trincadeira uppkom i Lisboaregionen genom en naturlig korsning mellan två ännu okända föräldrar. Att ursprunget kan spåras just hit beror på att druvans genetiska mångfald är som störst i Lisboa, och här har dess nära släktingar ramisco och sercial också sitt ursprung.

Odlas i inlandet

Inlandsregionerna (Alentejo, Douro och Trás-os-Montes) är de huvudsakliga odlingsområdena för trincadeira, men relativt stora odlingar finns också i Tejoregionen. Den totala odlingsytan i Portugal är stor, men trenden är att den minskar.

Att skörda i rätt tid är extremt viktigt

De täta druvklasarna och de ömtåliga druvskalen leder till känslighet för mjöldagg och gråmögel; det senare kommer med regnen i augusti och september. Om detta stressar vinodlaren och hen plockar druvorna för tidigt, blir vinerna väldigt örtiga i karaktären. Men om man däremot råkar plocka dem lite för sent tappar vinerna syra och blir syltiga och tunga. Den perfekta skördetidpunkten är därför mycket viktig, men kan vara svår att hitta om det regnar mycket.

Druvorna blir som bäst i varma och torra klimat med många soltimmar, men samtidigt är de känsliga för torka. Dessutom är vinrankorna känsliga för kvalster och vinrankslövhoppare.

Rekommenderade viner

Från Alentejoregionen:

- A Trincadeira Não é Tão Preta (Fitapreta Vinhos)
- Cortes de Cima Trincadeira (Cortes de Cima)
- Esporão Trincadeira (Herdade do Esporão).

Från Douroregionen:

- Quinta de Ventozelo Tinta Amarela (Quinta de Ventozelo).

TOLV MYCKET BETYDELSEFULLA SORTER

Åtta gröna och fyra blå druvsorter har jag utsett till *mycket betydelsefulla sorter*. De ger relativt ofta högkvalitativa viner, är hyfsat spridda i landet och täcker tillsammans nästan exakt en fjärdedel av Portugals totala vinodlingsyta.

ALFROCHEIRO
BLÅ, AROMATISK URMODER

- **Vintyper:** rött.
- **Vinaromer:** mycket kraftiga som liknar moget smultron, mogen jordgubbe, körsbär, björnbär, viol, lakrits, svartpeppar, kanel och kryddnejlika.
- **Synonymer:** alfrocheiro preto, alfrucheiro, bastardo negro, pé de rato, *tinta bastardinha*, tinta francesa de viseu och tinta francisca de viseu.

Ursprung i Dão

Alfrocheiro uppkom i Dãoregionen genom en naturlig korsning mellan savagnin från nordöstra Frankrike och en ännu okänd förälder. Allt talar för att alfrocheiro är en mycket gammal sort, även om det första skriftliga omnämnandet gjordes först på 1900-talet.

Alfrocheiro är tillsammans med

- mourisco branco från sydvästra Iberiska halvön förälder till camarate, casculho, castelão, cornifesto, jampal, malvasia preta, moreto och tinta gorda
- hebén från södra Spanien förälder till malvasia fina, tinta grossa och trincadeira das pratas
- patorra från Trás-os-Montes-regionen förälder till jaen.

Odlas i Dão och Alentejo

Dão- och Alentejoregionerna är de huvudsakliga odlingsområdena för alfrocheiro. Den totala odlingsytan i Portugal är medelstor, men trenden är att den minskar något.

Tunnskaliga och känsliga druvor

Alfrocheiro har små, tunnskaliga druvor som sitter i täta klasar. Därför är druvorna mycket känsliga för mjöldagg och gråmögel, och det tunna skalet gör även druvorna känsliga för torka och extremt solljus.

Rekommenderade viner

Från Dãoregionen:

- M.O.B. Alfrocheiro (Moreira, Olazabal e Borges)
- Opta Alfrocheiro (Opta)
- Quinta da Pellada Alfrocheiro (Quinta da Pellada)
- Quinta dos Roques Alfrocheiro (Quinta dos Roques)
- Taboadella Alfrocheiro Reserva (Quinta da Taboadella).

Från Alentejoregionen:

- Alfrocheiro em Talha de Argilla (Herdade da Anta de Cima)
- Herdade das Servas Alfrocheiro (Herdade das Servas)
- Mensagem de Alfrocheiro (Altas Quintas)
- Miguel Maria Laureano Alfrocheiro (Paulo Laureano)
- Alfrocheiro Tb Quer Estar Nu (Fitapreta Vinhos).

ALICANTE BOUSCHET
INTE SKRÄP

- **Vintyper:** rött och starkvin.
- **Vinaromer:** mycket kraftiga som liknar svarta vinbär, blåbär, björnbär, plommonsylt, mörk choklad, tobak, oliver och kummin.
- **Synonymer:** alicante, alicante henri bouschet, pé de perdiz, sumo tinto, tinta de escrever, tinta fina, tinta francesa och tinturão.

I Frankrike anses alicante bouschet ge viner av låg kvalitet. "En riktigt skräpdruva", som en vinproducent i Languedoc sa till mig en gång. Men i Alentejos varma och torra klimat mognar druvorna ordentligt och kan därmed ge viner av mycket hög kvalitet.

Framtagen i Frankrike

Alicante bouschet uppkom år 1855 på en gård utanför Montpellier i södra Frankrike genom att Henri Bouschet korsade garnacha från Spanien med petit bouschet från Frankrike.

Troligtvis introducerade John (João) Reynolds alicante bouschet i Alentejoregionen, och därmed i Portugal, någon gång runt år 1880. Detta skedde i så fall på familjen Reynolds egendom Herdade do Mouchão. Före år 1990 fanns druvsorten bara hos ett fåtal producenter i norra Alentejo, men de högkvalitativa viner som producerades gjorde druvsorten mycket populär i nyplanteringar under 1990-talet.

Odlas i Alentejo

Alentejoregionen är det huvudsakliga odlingsområdet för alicante bouschet, men man odlar den även relativt mycket i Lisboa-, Península de Setúbal- och Tejoregionerna. Den totala odlingsytan i Portugal är stor, men trenden är att den minskar. Utanför Portugal odlar man alicante bouschet i huvudsak i Spanien, under namnet *garnacha tintorera*, samt i Chile och Frankrike.

Tålig trots vissa känsligheter

Vinrankan knoppar tidigt, vilket gör den känslig för frost. Druvorna mognar sent och de angrips därför lätt av gråmögel i fuktiga klimat. Utöver detta är vinrankan också känslig för vinbladsmögel och olika träsjukdomar.

Rekommenderade viner

Från Alentejoregionen:

- Júlio B. Bastos Alicante Bouschet (Júlio Bastos, Dona Maria Vinhos)
- Mouchão Tonel No 3-4 (Herdade do Mouchão)
- Paulo Laureano Alicante Bouschet (Paulo Laureano)
- Premium Alicante Bouschet (Monte da Ravasqueira)
- Scala Coeli Alicante Bouschet Reserva (Cartuxa, Fundação Eugénio de Almeida).

Från Lisboaregionen:

- Maria do Carmo Tinto (Quinta do Gradil).

ARINTO
DEN ÄKTA FRÅN BUCELAS

- **Vintyper:** vitt och mousserande.
- **Vinaromer:** medelkraftiga som liknar citron, lime, grapefrukt, grönt äpple, päron, persika, eldkrona och mineral.
- **Synonymer:** arintho, arinto cercial, arinto d'anadia, arinto de bucelas, arinto galego, asal espanhol, asal galego, branco espanhol, cerceal, chapeludo, pé de perdiz branco, *pedernã*, pedernão, perdigão, pedrena, terrantez da terceira och val de arintho.

Det finns många druvsorter som kallas arinto, vilket är väldigt förvirrande. "Äkta" arinto kallas därför ibland för tydlighetens skull för arinto de bucelas, men det är inget officiellt erkänt namn.

Arinto roxo är bara en färgmutation av arinto och inte en egen sort.

Ursprung i Bucelas

Arinto uppkom i Lisboaregionens delregion Bucelas genom en naturlig korsning mellan två ännu okända föräldrar. Allt talar för att det är en gammal druvsort, eftersom dess genetiska mångfald är stor och det första skriftliga omnämnandet gjordes redan år 1712.

Odlas i Vinho Verde och Bucelas

Vinho Verde-regionen, särskilt dess sydöstra del, är det huvudsakliga odlingsområdet för arinto, men relativt stora odlingar finns också i Lisboa- och Alentejoregionerna. I Lisboaregionen finns de flesta odlingarna i delregionen Bucelas, som är känd för sina endruvsviner på arinto. Den totala odlingsytan i Portugal är stor, men trenden är att den minskar.

Anpassningsbar till olika klimat

En av de stora fördelarna med denna druvsort är att den är mycket anpassningsbar till olika klimatförhållanden och att den klarar torka bra. Arinto har dock relativt täta druvklasar med små druvor som mognar sent, vilket gör druvorna känsliga för mjöldagg och gråmögel. Dessutom är vinrankorna känsliga för vinbladsmögel, röta i vinrankans ved, vinranks-lövhoppare och vinranksvecklare.

Rekommenderade viner

Från Vinho Verde-regionen:

- Covela Arinto (Quinta de Covela, Lima & Smith)
- Monólogo Arinto P24 (Quinta de Santa Teresa, A&D Wines).

Från Lisboaregionen:

- Arinto Colecção (Quinta do Rol)
- Baías e Enseadas Arinto (Baías e Enseadas)
- CH by Chocapalha White (Quinta de Chocapalha)
- Mira Arinto (Mira do Ó Vinhos)
- Quinta de Sant'Ana Arinto (Quinta de Sant'Ana)
- Ramilo Arinto (Casal do Ramilo).

Från Alentejoregionen:

- Julian Reynolds Arinto (Reynolds Wine Growers)
- Grande Rocim Reserva Branco (Herdade do Rocim)
- Pousio Arinto (Herdade do Monte da Ribeira).

BICAL
INTE FLUGSKIT

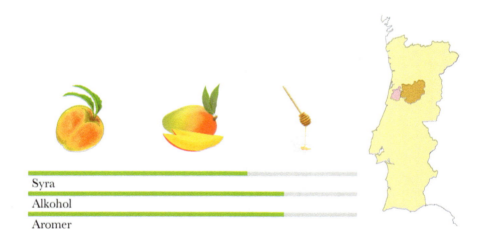

- **Vintyper:** vitt och mousserande.
- **Vinaromer:** kraftiga som liknar persika, aprikos, mango, papaya, blommor, honung, mineral och petroleum.
- **Synonymer:** arinto de alcobaça, bical de bairrada, *borrado das moscas*, fernão pires galego, pintado das moscas, pintado dos pardais och torrontés.

Synonymen borrado das moscas betyder bokstavligen flugskit och kommer från de små, bruna prickar de fullmogna druvorna får.

Ursprung i Bairrada

Bical uppkom i Bairradaregionen genom en naturlig korsning mellan malvasia fina från Douroregionen och en ännu okänd förälder.

Odlas i Bairrada och Dão

Bairrada- och Dãoregionerna är de huvudsakliga odlingsområdena för bical. Den totala odlingsytan i Portugal är medelstor, men trenden är att den minskar.

Misslyckas lätt med blomningen

Vinrankan misslyckas lätt med blomningen, vilket leder till oregelbunden avkastning. Dessutom är den känslig för vinbladsmögel. Druvorna mognar dock tidigt och därigenom undviks många problem.

Rekommenderade viner

Från Bairradaregionen:

- Branco Bical Barrica (Campolargo Vinhos)
- Kompassus Bical (Kompassus)
- Nossa Calcário Bical (Filipa Pato Vinhos)
- Vinha Formal (Luís Pato).

Från Dãoregionen:

- Quinta de Saes Bical (Quinta da Pellada).

FERNÃO PIRES
DEN VANLIGASTE GRÖNA

- **Vintyper:** vitt.
- **Vinaromer:** mycket kraftiga som liknar lime, citron, apelsin, mandarin, persika, apelsinblom, lindblom, mimosa, ros, citrongräs, lagerblad, basilika och honung.
- **Synonymer:** fernão pirão, fernão pires de beco, fernao pires do beco, gaeiro, gaieiro, *maria gomes*, molinha, molinho och torrontés.

Fernão pires – Portugals vanligaste gröna druvsort – är mycket anpassningsbar till olika vinframställningsmetoder och kan därmed bidra till många olika vintyper och vinstilar.

Ursprung i Bairrada

Fernão pires uppkom i Bairradaregionen genom en naturlig korsning mellan malvasia fina från Douroregionen och en ännu okänd förälder. Under 1700-talet migrerade stora mängder fernão pires till Tejoregionen. Tillsammans med diagalves från Alentejoregionen är fernão pires föräldrar till seara nova.

Fernão pires rosado är bara en färgmutation av fernão pires och inte en egen sort.

Odlas i Tejo och Bairrada

Tejo- och Bairradaregionerna är de huvudsakliga odlingsområdena för fernão pires, men relativt stora odlingar finns också i Lisboaregionen. Den totala odlingsytan i Portugal är mycket stor, men trenden är att den minskar.

Känslig men ger hög avkastning

Vinrankan är mycket känslig för torka, vilket leder till förlust av blad och förkrympta druvor. Eftersom den knoppar tidigt och oftast växer i lite svalare regioner, skadas knopparna lätt av frost. Dessutom angriper vinbladsmögel, vinranksvecklare och vinrankslövhoppare relativt lätt vinrankan. Trots alla nämnda problem älskar vinodlarna fernão pires för dess höga avkastning.

Rekommenderade viner

Från Tejoregionen:

- 1836 Grande Reserva (Companhia das Lezírias)
- Monte Cascas Fernão Pires (Casca Wines)
- Ninfa Maria Gomes (João M. Barbosa Vinhos).

Från Bairradaregionen:

- Avô Fausto Branco (Quinta das Bágeiras)
- Luís Pato Maria Gomes (Luís Pato).

Från Lisboaregionen:

- Baías e Enseadas Fernão Pires (Baías e Enseadas)
- Casa das Gaeiras Maria Gomes (Parras Wines)
- Fernão Pires Barrica (Quinta do Rol)
- Quinta Várzea da Pedra Fernão Pires (Quinta Várzea da Pedra).

Från Península de Setúbal-regionen:

- Trois Fernão Pires Curtimenta (Trois).

GOUVEIO
KVALITATIV OCH IMPOPULÄR

- **Vintyper:** vitt och mousserande.
- **Vinaromer:** kraftiga som liknar citron, grönt äpple, persika, aprikos, apelsinblom, anis och mineral.
- **Synonymer:** agodello, agodenho, agudanho, agudelha, agudelho, agudello, agudelo, agudenho, godelho, verdelho och verdelho do dão.

Gouveio trodde man länge var samma druvsort som verdelho, men DNA-analyser har visat att den verdelho som man odlar på Madeira inte är samma druvsort som gouveio. Den verdelho som man odlar i Dãoregionen är däremot samma som gouveio.

Ursprung i nordvästra Spanien

Gouveio uppkom i nordvästra Spanien genom en naturlig korsning mellan castellana blanca från norra Spanien och savagnin från nordöstra Frankrike. Det är en mycket gammal druvsort som fanns redan på Romarrikets tid, men i portugisisk skrift nämndes den första gången år 1531. Tillsammans med cainho da terra från Portugal är gouveio förälder till donzelinho branco och donzelinho tinto från Douroregionen.

Gouveio roxo är en färgmutation av gouveio och inte en egen sort.

Odlas i nordost

Nordöstra Portugal (Trás-os-Montes och Douro) är det huvudsakliga odlingsområdet för gouveio. Den totala odlingsytan i Portugal är medelstor, men trenden är att den minskar. Utanför Portugal odlar man gouveio i huvudsak i hemlandet Spanien, under namnet *godello*.

Gråmögel – ett hot

De täta druvklasarna är mycket känsliga för gråmögel. Som tur är mognar druvorna tidigt, vilket minskar risken för angrepp. Trots detta är gouveio bättre lämpad för ett relativt torrt klimat. Den låga avkastningen gör den till en relativt impopulär druvsort hos vinodlare.

Rekommenderade viner

Från Douroregionen:

- Gouveio by Joaninha (Maçanita Irmãos e Enólogos)
- Unlocked Gouveio (Quinta do Portal)
- Vértice Gouveio (Caves Transmontanas).

Från Trás-os-Montes-regionen:

- Quinta Valle Madruga Gouveio (Quinta Valle Madruga).

Från Dãoregionen:

- Quinta das Maias Gouveio (Faldas da Serra).

Från Tejoregionen:

- À Moda do Zé da Leonor Branco (Rebelo Lopes)
- Zé da Leonor Grande Escolha Branco (Rebelo Lopes).

LOUREIRO
LAGERBLAD FRÅN VINHO VERDE

- **Vintyper:** vitt och mousserande.
- **Vinaromer:** kraftiga som liknar lime, citron, äpple, persika, apelsin, lagerblad, lagerblom, apelsinblom, lindblom, akacia, fresia och ros.
- **Synonymer:** arinto branco, branco redondo, branco redondos, dourada och dourado.

Loureiro betyder lager, och namnet syftar på doften av lagerblad eller lagerblom.

Ursprung i Vinho Verde

Loureiro uppkom i Limadalen (Vale do Lima) i Vinho Verde-regionen genom en naturlig korsning mellan amaral från västra Portugal och pintosa från norra Portugal. Allt talar för att det är en gammal druvsort, eftersom dess genetiska mångfald är stor och det första skriftliga omnämnandet gjordes redan i slutet av 1700-talet.

Odlas i Vinho Verde

Vinho Verde-regionen, särskilt delregionerna Lima, Cavado och Ave, är det huvudsakliga odlingsområdet för loureiro. Den totala odlingsytan i Portugal är stor, och trenden är att den kommer att fortsätta att vara det. Utanför Portugal odlar man loureiro i huvudsak i Spanien, under namnet *loureira*.

Känslig för svampsjukdomar

Loureiro är känslig för svampsjukdomar – i huvudsak mjöldagg, gråmögel och röta i vinrankans ved – men även vinbladsmögel. En bidragande orsak till att druvorna lätt angrips är att klasarna är täta och tunga, men detta medför också en hög avkastning. Utöver svampsjukdomar är vinrankorna känsliga för kvalsterangrepp samt för mycket sol och torka.

Rekommenderade viner

Från Vinho Verde-regionen:

- Aphros Melissae (Aphros Wine)
- Camaleão Loureiro Barrel Aged (J. Cabral Almeida)
- Casa das Infantas (Paulo Laureano)
- Germinar Loureiro Vinhas Velhas (Quinta de Soalheiro)
- Gorro Loureiro (Portugal Boutique Winery)
- Loureiro Private (Anselmo Mendes)
- Parcela do Convento (Quinta da Aveleda)
- Quinta do Ameal Escolha (Herdade do Esporão).

MALVASIA FINA
UNDER MÅNGA FÖRVIRRANDE NAMN

- **Vintyper:** vitt och mousserande.
- **Vinaromer:** medelkraftiga som liknar bivax, honung, melass, muskotnöt och rök.
- **Synonymer:** arinto do dão, arinto galego, assário, assário branco, *boal*, boal branco, boal cachudo, boal da graciosa, boal da madeira, cachudo, galego, malmsey och terrantez do pico.

Kring malvasia fina har det länge rått stor förvirring, eftersom den går under många olika namn som ofta även används för andra druvsorter.

Namnet malvasia hjälper inte heller, eftersom det finns många malvasia som inte alls är släkt med varandra.

Malvasia fina är kanske mest känd som en av de ädla druvsorterna på Madeira, där den kallas boal. Numera är dock den odlade ytan på Madeira mycket liten.

Ursprung i Douro

Malvasia fina uppkom i Douroregionen genom en naturlig korsning mellan alfrocheiro från Dãoregionen och hebén från södra Spanien. Allt talar för att det är en mycket gammal druvsort, eftersom dess genetiska mångfald är stor.

Malvasia fina är tillsammans med

- sercial från Lisboaregionen förälder till cercial från Bairradaregionen
- tinta pereira från Portugal förälder till cerceal branco från Dãoregionen
- rabo de ovelha från Alentejoregionen förälder till vital från Lisboaregionen
- touriga nacional från Dãoregionen förälder till touriga fêmea från Douroregionen
- en okänd druvsort förälder till baga från Dãoregionen samt bical och fernão pires från Bairradaregionen.

Malvasia fina roxa är en färgmutation av malvasia fina och inte en egen druvsort.

Odlas i nordost

Nordöstra Portugal (Douro, Dão, Távora-Varosa och Trás-os-Montes) är det huvudsakliga odlingsområdet för malvasia fina. Den totala odlingsytan i Portugal är medelstor, men trenden är att den minskar.

Lättodlad men ger varierande avkastning

Malvasia fina är känslig för svår torka, misslyckad blomning och mjöldagg. Detta kan ge en oregelbunden avkastning och störa druvornas mognad. Vinrankan kan också vara relativt känslig för brist på mineralerna bor och magnesium. Men trots nämnda känsligheter anses malvasia fina vara lättodlad.

Rekommenderade viner

Från Douroregionen:

- Malvasia Fina by António (Maçanita Irmãos e Enólogos)
- Quinta de Ventozelo Malvasia Fina (Quinta de Ventozelo)
- Unlocked Malvasia Fina (Quinta do Portal).

Från Dãoregionen:

- Quinta das Maias Malvasia Fina (Faldas da Serra).

Från Vinho Verde-regionen:

- Monólogo Malvasia Fina P70 (Quinta de Santa Teresa, A&D Wines).

MOSCATEL GALEGO BRANCO
KLASSISK MUSCAT

- **Vintyper:** starkvin, vitt och mousserande.
- **Vinaromer:** extremt kraftiga som liknar citron, apelsin, mandarin, persika, moget päron, apelsinblom, ros, kaprifol, liljekonvalj och fläderblom.
- **Synonymer:** moscatel branco, moscatel de jesus, moscatel do douro, moscatel galego, moscatel preto och moscatel roxo.

Moscatel galego branco – denna mycket gamla druvsort – producerar unika starkviner och odlas framför allt på Alijóplatån i Douroregionen.

Ursprung i Grekland

Moscatel galego branco uppkom i Grekland genom en naturlig korsning mellan två ännu okända föräldrar. Därifrån spred den sig till Italien och sedan vidare med hjälp av romarna till Frankrike, Portugal och övriga länder runt Medelhavet. Tillsammans med heptakilo från Grekland är moscatel galego branco förälder till moscatel graúdo (muscat d'alexandrie).

Odlas i Douro

Douroregionen är det huvudsakliga odlingsområdet för moscatel galego branco. Den totala odlingsytan i Portugal är medelstor, och trenden är att den ökar. Utanför Portugal odlas moscatel galego branco i huvudsak i Italien, under namnet *moscato bianco*, och i Frankrike, under namnet *muscat blanc à petits grains*.

Moscatel galego roxo (moscatel roxo) är en lilarosa färgmutation som man odlar i isolerade fickor i norra Douroregionen och vid staden Azeitão i Península de Setúbal-regionen.

Ganska svårodlad

De relativt små, tunnskaliga druvorna, som sitter i täta klasar, är mycket känsliga för mjöldagg och gråmögel. Vinrankan är också mycket mottaglig för kvalster och relativt mottaglig för vinbladsmögel. Eftersom de mogna druvorna har ovanligt hög sockerhalt är getingangrepp också ett vanligt problem. Dessa känsligheter i kombination med en låg avkastning har gjort denna sort relativt impopulär bland vinodlare.

Rekommenderade viner

Från Douroregionen:

- Prima (Quinta do Vallado)
- Guyot Moscatel Galego (Portugal Boutique Winery)
- Lacrau Moscatel Galego Branco (Secret Spot Wines)
- Moscatel do Douro 10 anos (Adega de Favaios)
- Portal Moscatel Galego Branco (Quinta do Portal).

Roxo från Península de Setúbal-regionen:

- Bacalhôa Moscatel Roxo Superior 10 anos (Bacalhôa Vinhos)
- Excellent Superior Moscatel Roxo (Horácio Simões)
- Moscatel Roxo 20 anos (José Maria da Fonseca).

SÍRIA
MASKERAD UNDER MÅNGA NAMN

- **Vintyper:** vitt, mousserande och starkvin.
- **Vinaromer:** mycket kraftiga som liknar lime, citron, apelsin, melon, persika, akacia, apelsinblom, lindblom, lagerblad och honung.
- **Synonymer:** alva, alvadourão, alvadurão, alvaro de soire, alvaro de sousa, coda, *códega*, colhão de gallo, crato branco, dona branca, graciosa, gracioso, malvasia branca, malvasia grossa, *roupeiro*, roupeiro cachudo, roupeiro de alcobaça och sabro.

Síria går under många olika namn beroende på var i Portugal man odlar druvsorten:

- I Douroregionen kallas den códega.
- I Beira Interior-regionen kallas den síria.
- I Dãoregionen kallas den alvadurão.
- I Alentejoregionens delregion Portalegre kallas den alva.
- I resten av Alentejoregionen kallas den roupeiro (som betyder garderob).
- I Algarveregionen kallas den crato branco.

Ursprung i Beira Interior

Síria uppkom i Beira Interior-regionen, vid Pinhel, genom en naturlig korsning mellan mourisco branco från sydvästra Iberiska halvön och en ännu okänd druvsort. Allt talar för att den är en gammal druvsort, eftersom dess genetiska mångfald är stor och det första skriftliga omnämnandet gjordes redan på tidigt 1500-tal.

Odlas i inlandet

Portugals inland (Beira Interior, Douro och Alentejo) är det huvudsakliga odlingsområdet för síria. Den totala odlingsytan i Portugal är stor, men trenden är att den minskar. Utanför Portugal odlas druvsorten även i Spanien, om än i mindre omfattning.

Mycket väderkänslig

Síria ger stora druvor som sitter i täta klasar och avkastningen är därför hög. Vinrankan klarar värme bra, men om druvorna mognar i för hög värme tappar de syran snabbt. Om det är för torrt torkar druvorna lätt, men om det i stället regnar i september är risken stor att mjöldagg och gråmögel angriper druvorna. Vinrankan är också känslig för spinnkvalster.

Rekommenderade viner

Från Beira Interior-regionen:

- Fonte da Vila Síria (Quinta da Biaia).

Från Alentejoregionen:

- Astronauta Vinho de Talha (Astronaut Wines).

Från Algarveregionen:

- Morgado do Quintão Branco Vinhas Velhas (Morgado do Quintão).

SYRAH
DEN STÖRSTA INTERNATIONELLA DRUVAN

- **Vintyper:** rött, rosé och mousserande.
- **Vinaromer:** mycket kraftiga som liknar mörka körsbär, blåbär, björnbär, plommon, katrinplommon, choklad, lakrits, anis, grönpeppar, svartpeppar, rökt charkuteri, tobak, läder, tjära och bränt gummi.
- **Synonymer:** shiraz.

Namnet syrah kan man härleda ur en av druvsortens äldsta synonymer, sérine. Denna synonym har i sin tur sitt ursprung i det latinska ordet serus, som betyder sen mognad.

Ursprung i sydöstra Frankrike

Syrah uppkom i Isère i Frankrike genom en naturlig korsning mellan mondeuse blanche och dureza, båda från sydöstra Frankrike. Ursprunget har bestämts utifrån ett stort antal DNA-analyser, så säkerheten är stor. Forskare har också upptäckt att ett nära släktskap finns med både pinot och viognier. Det mest troliga är att syrah är barnbarnsbarn till pinot och halvsyskon till viognier.

Odlas i Alentejo och Lisboa

Alentejo- och Lisboaregionerna är de huvudsakliga odlingsområdena för syrah, men relativt stora odlingar finns också i Península de Setúbal- och Bairradaregionerna. Den totala odlingsytan i Portugal är stor, men trenden är att den minskar. Utanför Portugal är de länder som odlar mest (i fallande ordning) Frankrike, Australien, Spanien, Argentina, Sydafrika och USA.

Rekommenderade viner

Från Alentejoregionen:

- Incógnito (Cortes de Cima)
- Vinha do Jeremias Syrah (João Portugal Ramos).

Från Lisboaregionen:

- Parcela 24 (Quinta do Monte d'Oiro)
- Special Selection Syrah (Quinta de Pancas).

Från Península de Setúbal-regionen:

- Bacalhôa Syrah (Bacalhôa Vinhos).

Från Bairradaregionen:

- Quinta de Baixo Syrah (Quinta de Baixo).

Från Tejoregionen:

- Grande Escolha Syrah (Quinta da Lagoalva)
- Quinta de São João Syrah (Pinhal da Torre).

Från Douroregionen:

- Quinta da Romaneira Syrah (Quinta da Romaneira)
- Quinta do Noval Syrah (Quinta do Noval).

Från Dãoregionen:

- Syrah by Julia Kemper (Julia Kemper Wines).

VINHÃO
MYCKET FÄRG OCH SYRA

- **Vintyper:** rött, rosé och mousserande.
- **Vinaromer:** medelkraftiga till kraftiga som liknar körsbär, smultron, hallon och björnbär.
- **Synonymer:** espadeiro basto, espadeiro da tinta, espadeiro de basto, espadeiro preto, negrão, pinhão, *sousão*, sousão de correr, sousão forte, souzão, tinta nacional, tinto de parada och tinto nacional.

Vinhãos fruktkött är inte färgat, trots att många tror det. Däremot innehåller det tjocka skalet massor med färg som så fort skalet spricker flödar ut och då kan färga fruktköttet.

Det är på grund av druvsortens färgintensitet som vinhão, under namnet sousão, blev intressant för portvinsproducenterna i slutet av 1700-talet när det blev förbjudet att tillsätta fläderbär för att mörka portvinerna.

Ursprung i Vinho Verde

Vinhão uppkom i Vinho Verde-regionen genom en naturlig korsning mellan amaral från västra Portugal och en ännu okänd druvsort. Tillsammans med hebén från södra Spanien är vinhão förälder till padeiro från Vinho Verde.

Odlas i Vinho Verde

Vinho Verde-regionen är det huvudsakliga odlingsområdet för vinhão, men relativt stora odlingar finns också i Douroregionen. Den totala odlingsytan i Portugal är stor, men trenden är att den minskar. Utanför Portugal odlar man vinhão i huvudsak i Spanien, under namnet *sousón*.

Känslig för torka

Vinhão har en bra allmän motståndskraft mot sjukdomar och skadedjur, men den är känslig för torka, spinnkvalster och röta i vinrankans ved.

Rekommenderade viner

Från Vinho Verde-regionen:

- Anselmo Mendes Vinhão (Anselmo Mendes)
- Aphros Silenus (Aphros Wine)
- Phaunus Vinhão (Aphros Wine).

Från Douroregionen:

- Dona Berta Sousão Reserva (Dona Berta)
- Quinta do Vallado Sousão (Quinta do Vallado)
- Vale da Raposa Sousão (Alves de Sousa).

ANDRA VANLIGA SORTER

Sexton gröna och fjorton blå druvsorter har jag kategoriserat som *andra vanliga sorter*. De är oftast spridda i ett flertal regioner i landet och täcker tillsammans drygt en femtedel av Portugals totala vinodlingsyta.

ALICANTE BRANCO
HÖGAVKASTANDE

- **Vintyper:** vitt.
- **Vinaromer:** medelkraftiga som liknar grapefrukt, äpple, persika, sparris, honung, lindblom och mineral.
- **Synonymer:** boal branco, boal cachudo, boal de alicante och pérola.

Det finns berättelser om att araber från Damaskus (Syrien) introducerade alicante branco till Sicilien under 800-talet och att det är därför det italienska namnet på druvsorten är damaschino. Men det finns överhuvudtaget inga historiska eller genetiska bevis för dessa påståenden.

Ursprung vid Medelhavets kust

Alicante branco uppkom någonstans längs Medelhavets kust genom en naturlig korsning mellan hebén från södra Spanien och en ännu okänd druvsort. Det första skriftliga omnämnandet är från Sicilien i mitten av 1800-talet.

Odlas i söder

Södra Portugal (Lisboa, Tejo och Alentejo) är det huvudsakliga odlingsområdet för alicante branco, men man odlar även relativt mycket i Trás-os-Montes-regionen. Den totala odlingsytan i Portugal är medelstor, men trenden är att den minskar. Utanför Portugal odlar man alicante branco i huvudsak i Italien, under namnet *damaschino*, och i Spanien, under namnet *planta fina*.

Stora klasar ger mycket hög avkastning

De stora, tunga klasarna ger mycket hög avkastning, vilket har gjort druvsorten populär. Druvorna har tunt skal och mognar relativt sent, vilket gör att de lätt angrips av gråmögel. Vinrankan är mycket känslig för röta i veden och angrepp av vinranksvecklare.

Rekommenderade viner

Från Alentejoregionen:

- Chão dos Eremitas Alicante Branco (Fitapreta Vinhos).

ANTÃO VAZ
DEN HETA SÖDERNS GRÖNA

- **Vintyper:** vitt och mousserande.
- **Vinaromer:** kraftiga som liknar citron, mandarin, ananas, mango, papaya och mineral.
- **Synonymer:** antonio vaz.

Ursprung i södra Alentejo

Antão vaz uppkom i Alentejoregionens delregion Vidigueira genom en naturlig korsning mellan mourisco branco från sydvästra Iberiska halvön och joão domingos från Portugal.

Odlas i Alentejo

Alentejoregionen är det huvudsakliga odlingsområdet för antão vaz, men relativt stora odlingar finns också i Península de Setúbal-regionen. Den totala odlingsytan i Portugal är medelstor, men trenden är att den minskar.

Populär både hos odlare och vinmakare

Alla gillar antão vaz! Druvsorten ger hög, regelbunden avkastning tack vare sina stora, täta klasar och har god allmän motståndskraft mot torka och sjukdomar. Dessutom är dess mognadsprocess jämn och stadig, och dess doft, smak och förmåga att åldras väl gör att vinmakaren uppskattar denna druvsort extra mycket.

Rekommenderade viner

Från Alentejoregionen:

- Conde d'Ervideira Reserva Branco (Ervideira)
- Gloria Reynolds Branco (Reynolds Wine Growers)
- Herdade do Moinho Antão Vaz (Ribafreixo Wines)
- Olho de Mocho Branco Reserva (Herdade do Rocim)
- Quetzal Antão Vaz Reserva (Quinta do Quetzal)
- Vinhas Velhas Private Selection Branco (Paulo Laureano).

Från Península de Setúbal-regionen:

- Parus Branco (Herdade da Comporta).

AVESSO
VINHO VERDES MOTSATS

- **Vintyper:** vitt och mousserande.
- **Vinaromer:** kraftiga som liknar lime, citron, äpple, persika, aprikos, apelsin, mandel, färska örter, blommor, honung och mineral.
- **Synonymer:** bornal, bornão, borraçal branco och borral.

Avesso betyder motsatt eller omvänd på portugisiska. Kanske har denna druva fått sitt namn på grund av sin förmåga att uppnå högre alkoholnivåer än andra sorter i Vinho Verde-regionen.

Ursprung i Vinho Verde

Avesso uppkom i Vinho Verde-regionen genom en naturlig korsning mellan två ännu okända föräldrar. Allt talar för att det är en ung druvsort, eftersom dess genetiska mångfald är liten och det första skriftliga omnämnandet är från år 1896.

Odlas i sydöstra Vinho Verde

Vinho Verde-regionen, särskilt delregionen Baião, är det huvudsakliga odlingsområdet för avesso. Den totala odlingsytan i Portugal är medelstor, men trenden är att den ökar.

Perfekt för varmare och torrare platser

Avesso är känslig för angrepp av vinbladsmögel, mjöldagg, gråmögel och även kvalster. Den föredrar därför varmare, torrare och väl ventilerade platser.

Rekommenderade viner

Från Vinho Verde-regionen:

- Casa Santa Eulália Superior Avesso (Casa Santa Eulália)
- Cazas Novas Pure Avesso (Cazas Novas)
- Covela Avesso Reserva (Quinta da Covela, Lima & Smith)
- Dom Ferro Super Reserva (Quinta do Ferro)
- Esculpido Branco (A&D Wines)
- Paço de Teixeiró Avesso (Montez Champalimaud).

AZAL
SUR OCH BÄST I VARMA, TORRA LÄGEN

- **Vintyper:** vitt.
- **Vinaromer:** svaga till medelkraftiga som liknar citron, lime, grönt äpple, kvitten och lindblom.
- **Synonymer:** asal, azal branco, azal da lixa, carvalha, carvalhal, gadelhudo och pinheira.

Ursprung i Vinho Verde

Azal uppkom i Vinho Verde-regionen genom en naturlig korsning mellan två ännu okända föräldrar. Tillsammans med amaral, också från Vinho Verde, är azal förälder till barcelo från Portugal.

Odlas i Vinho Verde

Vinho Verde-regionen, särskilt delregionerna Amarante, Basto och Sousa, är det huvudsakliga odlingsområdet för azal. Den totala odlingsytan i Portugal är medelstor, och trenden är att den kommer att fortsätta att vara det.

Känslig för mögel

Azal har mycket täta druvklasar, vilket ger en hög avkastning. Men detta ger också, i kombination med den sena druvmognaden, en stor känslighet för mjöldagg och gråmögel. Dessutom är vinrankan känslig för vinbladsmögel. Bäst resultat får man därför om växtplatsen är solig, varm och torr, och sådana platser hittar man i huvudsak i Vinho Verdes inland, i delregionerna Amarante, Basto, Baião och Sousa.

Vinodlarnas rädsla för mögel gör att de tyvärr ofta skördar druvorna alldeles för tidigt, och då blir den höga syran ännu högre.

Rekommenderade viner

Från Vinho Verde-regionen:

- Pequenos Rebentos Selvagem (Márcio Lopes)
- Quinta de Santa Cristina Azal (Quinta de Santa Cristina)
- Turra Pet Nat (Turra).

BASTARDO
SÖT MEN KÄNSLIG

- **Vintyper:** rött, rosé och starkvin.
- **Vinaromer:** kraftiga som liknar granatäpple, svarta vinbär, smultron, blåbär, katrinplommon, torkat gräs, örter, kaffe, tobak och rök.
- **Synonymer:** abrunhal, bastardhino, bastardinha, bastardinho, graciosa och tinta lisboa.

Innan vinlusens härjningar, det vill säga före år 1862, var bastardo populär för sina intensivt söta druvor som användes både som bordsdruvor och som ingrediens i olika starkviner.

Ursprung i franska Jura

Bastardo uppkom i Jura i östra Frankrike genom en naturlig korsning mellan savagnin från nordöstra Frankrike och en ännu okänd druvsort. Det är en mycket gammal druvsort som nämndes i portugisisk skrift första gången år 1531. Tillsammans med verdelho från Portugal är bastardo förälder till terrantez do pico från Azorerna.

Odlas i nordost

Nordöstra Portugal (Trás-os-Montes, Douro och Beira Interior) är det huvudsakliga odlingsområdet för bastardo, men man odlar också relativt mycket i Dãoregionen. Den totala odlingsytan i Portugal är medelstor, men trenden är att den minskar. Utanför Portugal odlas bastardo i huvudsak i sitt hemland Frankrike, under namnet *trousseau*, och i Spanien, under namnet *merenzao*. Idag är Portugal dock det land där man odlar klart mest av denna druva.

Krävande att odla

Bastardo har täta druvklasar som lätt angrips av gråmögel vid fuktig väderlek. Som tur är mognar druvorna mycket tidigt, vilket minskar risken för angrepp – detta ökar dock risken för övermognad. Eftersom både druvor och klasar är små, blir avkastningen låg. Och eftersom druvsorten även har vissa problem med vinbladsmögel, mjöldagg, kvalster och fågelangrepp, är den krävande att odla.

Rekommenderade viner

Från Trás-os-Montes-regionen:

- Palácio dos Távoras Bastardo (Costa Boal)
- Quinta de Arcossó Bastardo (Quinta de Arcossó).

Från Douroregionen:

- Conceito Bastardo (Conceito Vinhos)
- Niepoort Bastardo (Niepoort Vinhos).

Från Dãoregionen:

- O Fugitivo Bastardo (Casa da Passarella)
- Ribeiro Santo Bastardo (Magnum, Carlos Lucas Vinhos).

CALADOC
GRENACHE UTAN MISSLYCKAD BLOMNING

- **Vintyper:** rött och rosé.
- **Vinaromer:** mycket kraftiga som liknar hallon, jordgubbe, plommon, röda och svarta vinbär, björnbär, svartpeppar, kryddnejlika, mynta, örter och ros.
- **Synonymer:** inga i Portugal.

Caladoc har beskrivits som "en grenache (garnacha) som inte lider av misslyckad blomning", vilket har gjort den populär både i och utanför hemlandet Frankrike.

Framtagen i södra Frankrike

Caladoc uppkom år 1958 på Montpelliers universitet i södra Frankrike genom att Paul Truel korsade garnacha från nordöstra Spanien med cot från sydvästra Frankrike.

Odlas i Lisboa

Lisboaregionen är det huvudsakliga odlingsområdet för caladoc. Den totala odlingsytan i Portugal är medelstor, men trenden är att den minskar. Utanför Portugal odlar man caladoc i huvudsak i hemlandet Frankrike.

Motståndskraftig

Caladoc är en motståndskraftig druvsort med hög och regelbunden avkastning.

CAMARATE
OMODERN OCH TAPPAR MARK

- **Vintyper:** rött.
- **Vinaromer:** mycket kraftiga som liknar hallon.
- **Synonymer:** baldoeira, camarate tinto, castelão da bairrada, castelão do nosso, castelão nacional, moreto, moreto de soure, moreto do douro, mortágua, mortágua de vide preta, negro mouro och vide preta.

Ursprung i Bairrada

Camarate uppkom i Bairradaregionen genom en naturlig korsning mellan alfrocheiro från Dão och mourisco branco från sydvästra Iberiska halvön. Detta betyder att camarate är syskon till casculho, castelão, cornifesto, jampal, malvasia preta, moreto och tinta gorda. Med tanke på att den genetiska mångfalden är liten, är camarate förmodligen en relativt ung druvsort.

Odlas i Lisboa, Tejo och Bairrada

Lisboa-, Tejo- och Bairradaregionerna är de huvudsakliga odlingsområdena för camarate. Den totala odlingsytan i Portugal är medelstor, men trenden är att den minskar.

Mottaglig för mögel och röta

Camarates druvor har tunt skal och sitter i täta klasar, vilket gör dem mycket känsliga för mjöldagg och gråmögel. Vinrankan är också relativt mottaglig för vinbladsmögel, röta i vinrankans ved, misslyckad blomning och vinranksvecklare. På grund av detta föredrar den soliga, varma och relativt torra platser.

CARREGA BRANCO
LÄTTA OCH FRUKTIGA VINER

- **Vintyper:** vitt.
- **Vinaromer:** medelkraftiga som liknar citron, grönt äpple och persika.
- **Synonymer:** carrega, carrega somera, chavacana och colgadeira.

Ursprung i Douro

Carrega branco uppkom i Douroregionen genom en naturlig korsning mellan två ännu okända föräldrar.

Odlas i Douro

Douroregionen är det huvudsakliga odlingsområdet för carrega branco. Den totala odlingsytan i Portugal är medelstor, och trenden är att den ökar något.

Känslig för gråmögel

Carrega brancos druvor har tunt skal, mognar relativt sent och sitter i täta klasar, vilket gör att de är känsliga för gråmögel.

CHARDONNAY
RELATIVT BETYDELSELÖS

- **Vintyper:** vitt och mousserande.
- **Vinaromer:** kraftiga som liknar lime, citron, mandarin, äpple, päron, kvitten, persika, mango, ananas, stjärnfrukt, kaprifol, muskotnöt och mineral.
- **Synonymer:** inga i Portugal.

Ursprung i östra Frankrike

Chardonnay uppkom i byn Chardonnay i Mâconnais i södra Bourgogne genom en naturlig korsning mellan pinot noir från nordöstra Frankrike och gouais blanc från nordöstra Frankrike eller sydvästra Tyskland.

Odlas i centrala delarna

Alentejo-, Tejo-, Península de Setúbal-, Lisboa- och Bairradaregionerna är de huvudsakliga odlingsområdena för chardonnay, men man odlar den också relativt mycket i Douroregionen. Den totala odlingsytan i Portugal är medelstor, men trenden är att den minskar något. Utanför Portugal är de länder som odlar mest (i fallande ordning) Frankrike, USA, Australien, Italien, Chile, Argentina och Spanien.

Relativt lättodlad

Det är relativt vanligt att chardonnay misslyckas med blomning och druvutveckling, och att dess druvor på grund av detta får både mjöldagg och gråmögel. Trots dessa svårigheter anser många att druvsorten är lättodlad.

Rekommenderade viner

Från Lisboaregionen:

- AdegaMãe Chardonnay (AdegaMãe)
- Casal Sta. Maria Chardonnay (Casal Santa Maria)
- Quinta de Chocapalha Chardonnay (Quinta de Chocapalha)
- Quinta de Pancas Chardonnay Reserva (Quinta de Pancas).

Från Bairradaregionen:

- Colinas Cuvée Brut Reserva Blanc de Blancs (Quinta Colinas de São Lourenço).

Från Douroregionen:

- Quinta de Cidrô Chardonnay Reserva (Real Companhia Velha)
- Murganheira Chardonnay Bruto (Caves da Murganheira).

CORNIFESTO
BARA I GAMLA BLANDODLINGAR

- **Vintyper:** rött och starkvin.
- **Vinaromer:** medelkraftiga som liknar körsbär, svartpeppar och mynta.
- **Synonymer:** cornifeito, cornifesta, cornifesto no dão, cornifesto tinto, cornifresco och tinta bastardeira.

Cornifesto betyder bokstavligen "krökt horn", vilket hänvisar till formen på druvklasarna.

Ursprung i Douro

Cornifesto uppkom i Douroregionen genom en naturlig korsning mellan alfrocheiro från Dão och mourisco branco från sydvästra Iberiska halvön. Detta betyder att cornifesto är syskon till camarate, casculho, castelão, jampal, malvasia preta, moreto och tinta gorda.

Odlas i Douro och Trás-os-Montes

Douro- och Trás-os-Montes-regionerna är de huvudsakliga odlingsområdena för cornifesto. Den totala odlingsytan i Portugal är medelstor, och trenden är att den ökar.

Låg men regelbunden avkastning

Druvorna sitter i täta klasar och är därmed känsliga för mjöldagg. Cornifesto blev populär efter vinlusens härjningar i slutet av 1800-talet, eftersom den gav tillförlitlig och regelbunden – om än något låg – avkastning. Idag finns den nästan bara i gamla blandade vinodlingar.

Rekommenderade viner

Från Douroregionen:

- Séries Cornifesto (Real Companhia Velha).

DIAGALVES
MER BORDSDRUVA ÄN VINDRUVA

- **Vintyper:** vitt.
- **Vinaromer:** medelkraftiga som liknar gräs och örter.
- **Synonymer:** carnal, dependura, diego alves, diogalves, fernan fer, formosa, formosa dourada, formosa portalegre, pendura och pendura amarela.

Ovanstående karaktär i kombination med diagalves stora druvklasar har gjort sorten mer populär som bordsdruva än som vindruva.

Ursprung i södra Portugal

Diagalves uppkom i södra Portugal genom en naturlig korsning mellan hebén från södra Spanien och dedo de dama från Portugal. Tillsammans med fernão pires från Bairrada är diagalves förälder till seara nova.

Odlas i inlandet

Portugals inland (Alentejo, Beira Interior, Douro, Trás-os-Montes och Algarve) är det huvudsakliga odlingsområdet för diagalves. Den totala odlingsytan i Portugal är medelstor, men trenden är att den minskar något.

Väderkänslig

Avkastningen är oregelbunden eftersom druvsorten är mycket väderkänslig, vilket gör att den ofta har problem både med blomning och druvutveckling. Eftersom druvorna mognar sent är de känsliga för gråmögel, så varmt och torrt väder är en framgångsfaktor. Utöver detta är vinrankan också mottaglig för röta i veden.

ENCRUZADO
DEN BÄSTA GRÖNA I DÃO

- **Vintyper:** vitt och mousserande.
- **Vinaromer:** kraftiga som liknar lime, citron, grönt äpple, sparris, grön paprika, ros, viol, hasselnöt, pinje, kåda, flinta och mineral.
- **Synonymer:** salgueirinho.

Ursprung i Dão

Encruzado uppkom i Dãoregionen genom en naturlig korsning mellan två ännu okända föräldrar.

Odlas i Dão

Dãoregionen är det huvudsakliga odlingsområdet för encruzado. Den totala odlingsytan i Portugal är medelstor, och trenden är att den ökar.

Lättodlad men svårvinifierad

Encruzado är motståndskraftig mot sjukdomar och torka, och den ger bra avkastning och en perfekt balans mellan socker och syra. Att den bara har en enda sårbarhet – att den är oerhört vindkänslig – gör att den anses vara mycket lättodlad.

I vineriet är den dock lite svårare att ha att göra med, eftersom musten lätt oxiderar och då förlorar sina ursprungliga aromer. Den har dock visat sig lämplig för jäsning på ekfat med efterföljande mognad på jästfällningen. Vinerna har fantastisk lagringspotential på flaska.

Rekommenderade viner

Från Dãoregionen:

- Crudus (Quinta das Marias)
- Dona Paulette (Quinta de Lemos)
- Druida Encruzado Reserva (Mira do Ó)
- Ribeiro Santo Envelope Branco (Magnum, Carlos Lucas Vinhos)
- Villa Oliveira Encruzado (Casa da Passarella).

GOUVEIO REAL
MÖGELKÄNSLIGA DRUVOR

- **Vintyper:** vitt, mousserande och starkvin.
- **Vinaromer:** kraftiga som liknar lime, krusbär, litchi, passionsfrukt, svarta vinbär, sparris och blommor.
- **Synonymer:** verdelho.

Ursprung i Douro

Gouveio real uppkom i Douroregionen genom en naturlig korsning mellan hebén från södra Spanien och en ännu okänd druvsort.

Odlas i nordost

Nordöstra Portugal (Trás-os-Montes, Douro och Távora-Varosa) är det huvudsakliga odlingsområdet för gouveio real. Den totala odlingsytan i Portugal är medelstor, och trenden är att den ökar.

Känslig för mjöldagg och gråmögel

Druvorna sitter i täta klasar och är därför känsliga för mjöldagg och gråmögel.

Rekommenderade viner

Från Douroregionen:

- Quinta Seara d'Ordens Gouveio Real (Quinta Seara d'Ordens).

JAEN
AROMATISK BLÅ I DÃO

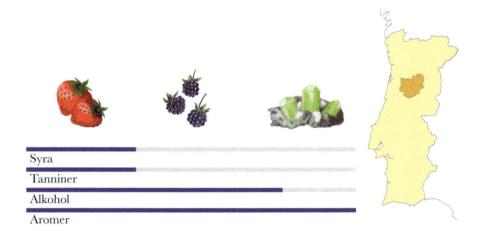

- **Vintyper:** rött.
- **Vinaromer:** mycket kraftiga som liknar jordgubbe, hallon, körsbär, granatäpple, blåbär, björnbär, mullbär, viol, myrten och mineral.
- **Synonymer:** fernão pires tinta, gião, jaen du dão, jaen galego, jaen tinto och loureiro tinto.

Ursprung i Spanien

Jaen uppkom i provinsen Salamanca i Spanien genom en naturlig korsning mellan alfrocheiro från Dãoregionen och patorra från Trás-os-Montes-regionen. Forskarna tror att pilgrimer på väg till Santiago de Compostela förde med sig jaen till Portugal.

Odlas i Dão

Dãoregionen är det huvudsakliga odlingsområdet för jaen, men man odlar också relativt mycket i Beira Interior- och Bairradaregionerna. Den totala odlingsytan i Portugal är stor, men trenden är att den minskar. Utanför Portugal odlas jaen i huvudsak i sitt hemland Spanien, under namnet *mencía*.

Föredrar torr luft

Druvorna sitter i täta klasar och är därför känsliga för både mjöldagg och gråmögel, så luften får gärna vara torr där den växer. Vinrankan är även känslig för vind och vinranksvecklare.

Rekommenderade viner

Från Dãoregionen:

- Quinta da Pellada Jaen (Quinta da Pellada)
- Quinta das Maias Jaen (Faldas da Serra)
- Quinta do Perdigão Jaen (Quinta do Perdigão)
- Taboadella Jaen Reserva (Quinta da Taboadella).

Från Beira Interior-regionen:

- Beyra Jaen (Rui Roboredo Madeira)
- Dois Ponto Cinco Jaen (2.5 Vinhos de Belmonte).

MALVASIA PRETA
ANONYM DOURODRUVA

- **Vintyper:** rött.
- **Vinaromer:** medelkraftiga som liknar citron, hallon, svarta vinbär, viol och svartpeppar.
- **Synonymer:** moreto, mureto, negro mouro och pinheira roxa.

Malvasia preta betyder bokstavligen svart malvasia, men hur den kan knytas till övriga malvasia-druvsorter är ännu okänt.

Ursprung i Douro

Malvasia preta uppkom i Douroregionen genom en naturlig korsning mellan alfrocheiro från Dão och mourisco branco från sydvästra Iberiska halvön. Detta betyder att malvasia preta är syskon till camarate, casculho, castelão, cornifesto, jampal, moreto och tinta gorda.

Odlas i Douro

Douroregionen är det huvudsakliga odlingsområdet för malvasia preta. Den totala odlingsytan i Portugal är medelstor, och trenden är att den ökar.

Mögelkänsliga druvor

De tunnskaliga och sent mognande druvorna sitter i täta klasar och är därför känsliga för mjöldagg och gråmögel.

Rekommenderade viner

Från Douroregionen:

- Séries Malvasia Preta (Real Companhia Velha).

MALVASIA REI
DEN VIKTIGASTE SHERRYDRUVAN

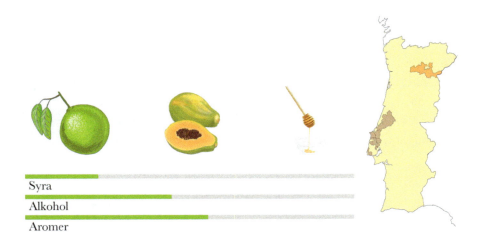

- **Vintyper:** vitt och starkvin.
- **Vinaromer:** medelkraftiga som liknar lime, päron, honungsmelon, papaya, aprikos, honung, örter och mineral.
- **Synonymer:** assario, assario do alentejo, listão, listrão, malvazia, mourisco, olho de lebre och seminário.

Malvasia rei (palomino fino) odlade man en gång i tiden uteslutande runt staden Sanlúcar de Barrameda i Jerezregionen i sydvästra Spanien. Idag är den en av tre druvsorter som är godkända för sherryproduktion och utan tvekan den mest odlade av dem.

Ursprung i södra Spanien

Malvasia rei uppkom i sydvästra Spanien genom en naturlig korsning mellan två ännu okända föräldrar. Troligtvis har sorten funnits sedan åtminstone tidig medeltid.

Odlas i Douro och Lisboa

Douro- och Lisboaregionerna är de huvudsakliga odlingsområdena för malvasia rei. Den totala odlingsytan i Portugal är medelstor, men trenden är att den minskar. Utanför Portugal odlar man malvasia rei i huvudsak i hemlandet Spanien, under namnet *palomino fino*.

Högavkastande men svampkänslig

Denna relativt högavkastande druvsort är mycket motståndskraftig mot parasiter och klimatpåfrestningar, men mycket känslig för svampsjukdomar, såsom vinbladsmögel, antraknos, mjöldagg och grämögel. Druvornas sena mognad i kombination med känsligheten för svampsjukdomar, gör att den föredrar ett varmt och torrt klimat.

MARUFO
LÄTT OCH AROMATISK

- **Vintyper:** rött.
- **Vinaromer:** mycket kraftiga som liknar röda vinbär, körsbär, jordgubbe, hallon, björnbär, hibiskus, kola och svartpeppar.
- **Synonymer:** abrunhal, falso mourisco, marufa, marufo roxo, marujo, mourico, mourisco, mourisco du douro, mourisco preto, mourisco roxo, mourisco tinto, trujidera och uva rei.

Marufo ger lätta och aromatiska viner som egentligen borde passa bäst som rosé, men som oftast bara ingår i röda blandningar.

Ursprung på Iberiska halvön

Marufo uppkom på Iberiska halvön genom en naturlig korsning mellan två ännu okända föräldrar. Det är en mycket gammal druvsort, vilket bevisas av att den är spridd över stora delar av Iberiska halvön och förälder till ett flertal gamla, väletablerade sorter.

Marufo är tillsammans med

- touriga nacional från Dãoregionen förälder till touriga franca, tinta barroca och tinta da barca, alla från Douroregionen
- borraçal från Vinho Verde-regionen förälder till mourisco de semente
- tinta grossa från Alentejoregionen förälder till preto martinho.

Odlas i nordost

Nordöstra Portugal (Douro, Beira Interior, Trás-os-Montes och Távora-Varosa) är det huvudsakliga odlingsområdet för marufo. Den totala odlingsytan i Portugal är medelstor, men trenden är att den minskar. Utanför Portugal odlar man marufo i huvudsak i Spanien, under namnet *moravia dulce*.

Druvorna mognar sent

Avkastningen är oregelbunden, eftersom druvsorten är mycket väderkänslig och därför ofta har problem både med blomning och druvutveckling. Druvorna har ett stort behov av värme för att mogna, men mognar trots det relativt sent på säsongen. Under bra förhållanden är avkastningen dock hög.

Rekommenderade viner

Från Douroregionen:

- Quinta da Costa Marufo (Quinta da Costa do Pinhão)
- Proibido Marufo (Márcio Lopes).

MERLOT
BRA I DE SVALA KUSTREGIONERNA

- **Vintyper:** rött.
- **Vinaromer:** mycket kraftiga som liknar körsbär, plommon, choklad, rök och mynta.
- **Synonymer:** inga i Portugal.

Namnet merlot kommer från franskans merlau, som betyder koltrast. Anledningen sägs vara att koltrastarna väldigt gärna äter av just denna druvsort.

Ursprung i sydvästra Frankrike

Merlot uppkom i sydvästra Frankrike genom en naturlig korsning mellan cabernet franc från Baskien i norra Spanien och magdeleine noire des charentes från västra Frankrike. Det tidigaste skriftliga omnämnandet är från år 1783.

Odlas i centrala kustregionerna

De centrala kustregionerna (Bairrada, Tejo, Lisboa och Península de Setúbal) är de huvudsakliga odlingsområdena för merlot, men man odlar också relativt mycket i Alentejoregionen. Den totala odlingsytan i Portugal är medelstor, och trenden är att den ökar. Utanför Portugal är de länder som odlar mest (i fallande ordning) Frankrike, USA, Bulgarien, Spanien, Chile, Rumänien och Australien.

Känslig för vinbladsmögel

Vinrankan är mycket känslig för vinbladsmögel och vinrankslövhoppare.

Rekommenderade viner

Från Bairradaregionen:

- Quinta de Baixo Merlot (Quinta de Baixo)
- Sidónio de Sousa Merlot (Sidónio de Sousa).

Från Tejoregionen:

- Tyto Alba Merlot (Companhia das Lezírias).

Från Lisboaregionen:

- AdegaMãe Merlot (AdegaMãe)
- Infinitude Merlot (Infinitude Vinhos)
- Quinta do Pinto Merlot (Quinta do Pinto)
- Special Selection Merlot (Quinta de Pancas).

Från Península de Setúbal-regionen:

- Bacalhôa Merlot (Bacalhôa Vinhos)
- Merlot Reserva (Casa Ermelinda Freitas).

MORETO
MOTSTÅNDSKRAFTIG OCH HÖGAVKASTANDE

- **Vintyper:** rött.
- **Vinaromer:** medelkraftiga till kraftiga som liknar röda vinbär, lingon, körsbär, plommon, mullbär, peppar, mynta, färska örter och mineral.
- **Synonymer:** casculo, moreto do alentejo, morito, mureto, mureto do alentejo och tinta de alter.

Ursprung i Alentejo

Moreto uppkom i Alentejoregionen genom en naturlig korsning mellan alfrocheiro från Dão och mourisco branco från sydvästra Iberiska halvön. Detta betyder att moreto är syskon till camarate, casculho, castelão, cornifesto, jampal, malvasia preta och tinta gorda.

Odlas i Alentejo

Alentejoregionen är det huvudsakliga odlingsområdet för moreto. Den totala odlingsytan i Portugal är medelstor, men trenden är att den minskar.

Motståndskraftig men kräver sol och värme

Moretos täta klasar ger en mycket hög och regelbunden avkastning. Detta i kombination med dess motståndskraft mot skadedjur och sjukdomar har gjort den populär bland odlare. Druvorna mognar dock sent och kräver därför varma och soliga växtplatser.

Rekommenderade viner

Från Alentejoregionen:

- Artesano by Moreto (Elite Vinhos)
- Chão dos Eremitas Moreto Vinhas Velhas (Fitapreta Vinhos)
- Vinho de Talha Moreto (Herdade do Esporão).

MOSCATEL GRAÚDO
STARKVIN I VÄRLDSKLASS

- **Vintyper:** starkvin och vitt.
- **Vinaromer:** extremt kraftiga som liknar citron, mandarin, apelsin, päron, persika, litchi, torkad aprikos, russin, dadel, apelsinblom, akacia, pelargon, ros och honung.
- **Synonymer:** *moscatel de setúbal*.

Många, även vinexperter, har trott att moscatel graúdo kommer från staden Alexandria i Egypten, eftersom den i ett flertal länder har ett namn som syftar på denna stad (till exempel moscatel de alejandría, muscat d'alexandrie eller muscat of alexandria). Något som dock talar emot den här teorin är att första gången ett sådant namn förekom i skrift var i Paris år 1713, trots att druvsorten är flera tusen år gammal.

Ursprung i Grekland

Moscatel graúdo uppkom i Grekland genom en naturlig korsning mellan moscatel galego branco (moscato bianco eller muscat blanc à petits grains) och heptakilo, båda från Grekland. Troligtvis spred den sig från Grekland till Italien och, med hjälp av romarna, vidare till Frankrike, Portugal och övriga länder runt Medelhavet där man numera odlar den. Det finns en stor mängd DNA-analyser och historiska bevis som stöder denna teori.

Odlas i Setúbal

Península de Setúbal-regionens delregion Setúbal är det huvudsakliga odlingsområdet för moscatel graúdo, men man odlar också relativt mycket i Lisboaregionen. Den totala odlingsytan i Portugal är medelstor, men trenden är att den minskar. Utanför Portugal odlar man moscatel graúdo i huvudsak i Spanien, Chile och Argentina, under namnet *moscatel de alejandría*, och i Frankrike, under namnet *muscat d'alexandrie*.

Behöver sol och värme

Moscatel graúdos stora druvor sitter i luftiga men tunga klasar. För att mogna helt och undvika att bli angripna av mjöldagg och gråmögel, kräver druvorna en solig och varm växtplats. Vinrankan är känslig för vinbladsmögel, röta i veden, röd spindel och zinkbrist.

Rekommenderade viner

Starkviner från Península de Setúbal-regionen:

- Alambre Moscatel de Setúbal 20 anos (José Maria da Fonseca)
- Alambre Moscatel de Setúbal 30 anos (José Maria da Fonseca)
- Alambre Moscatel de Setúbal 40 anos (José Maria da Fonseca)
- Bacalhôa Moscatel de Setúbal Superior 10 anos (Bacalhôa Vinhos)
- Bacalhôa Moscatel de Setúbal Superior 20 anos (Bacalhôa Vinhos)
- Bacalhôa Moscatel de Setúbal Superior 30 anos (Bacalhôa Vinhos)
- J.M.S. Moscatel de Setúbal Superior (António Saramago Vinhos)
- Quinta do Piloto Moscatel de Setúbal Superior 20 anos (Quinta do Piloto)
- Trilogia Moscatel de Setúbal (José Maria da Fonseca).

Vitt vin från Península de Setúbal-regionen:

- Bacalhôa Moscatel Graúdo (Bacalhôa Vinhos)
- Camolas Selection Premium Moscatel Graúdo (Adega Camolas).

NEGRA MOLE
INTE PÅ MADEIRA

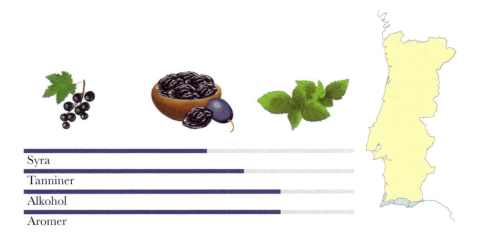

- **Vintyper:** rött och rosé.
- **Vinaromer:** kraftiga som liknar röda och svarta vinbär, katrinplommon, choklad, sparris, oliver, mynta, gräs och mineral.
- **Synonymer:** negramole.

Negra mole i Algarve och tinta negra på Madeira är inte samma druvsort. Anledningen till att de är enkla att blanda ihop är att tinta negra på Madeira har kallats tinta negra mole sedan början av 1800-talet.

Ursprung i Algarve

Negra mole uppkom i Algarveregionen genom en naturlig korsning mellan två ännu okända föräldrar. Dess stora genetiska variation tyder på att den är en mycket gammal druvsort, troligtvis en av de äldsta i Portugal.

Odlas i Algarve

Algarveregionen är det huvudsakliga odlingsområdet för negra mole. Den totala odlingsytan i Portugal är medelstor, och trenden är att den ökar något.

Lättodlad på varma och torra platser

Negra mole har stora druvor som växer i luftiga klasar och mognar sent. Druvorna är känsliga för mjöldagg och rankan för vinbladsmögel. Men i övrigt är druvsorten mycket motståndskraftig, till och med mot torka, vilket medför att negra mole föredrar varma och torra växtplatser.

Rekommenderade viner

Från Algarveregionen:

- Al-Ria Negra Mole (Casa Santos Lima)
- João Clara Negramole (Quinta João Clara).

RABIGATO
BÄST I VARMT OCH TORRT KLIMAT

- **Vintyper:** vitt och starkvin.
- **Vinaromer:** medelkraftiga som liknar citron, akacia, apelsinblom, blad och mineral.
- **Synonymer:** baldsena, carrega besta, estreito, muscatel bravo, não há, rabigato respigueiro, rabo de asno, rabo de carneiro, rabo de gato och rodrigo affonso.

Rabigatos namn kommer från de portugisiska orden rabo som betyder svans och gato som betyder katt – rabigato betyder alltså kattsvans.

Namnet är troligtvis en beskrivning av den långa druvklasen, som ser ut som en svans. Jag har dock stött på vinproducenter som säger att namnet kommer av att viner från svalare lägen kan lukta lite kattpiss (såsom sauvignon blanc också kan göra). Denna förklaring är dock inte särskilt trolig – men lite roligare.

Ursprung i Douro

Rabigato uppkom i Douroregionen genom en naturlig korsning mellan mourisco branco från sydvästra Iberiska halvön och en ännu okänd förälder. Tillsammans med hebén är rabigato förälder till códega do larinho.

Odlas i Douro

Douroregionen, särskilt delregionen Douro Superior, är det huvudsakliga odlingsområdet för rabigato. Den totala odlingsytan i Portugal är medelstor, men trenden är att den minskar.

Trivs bäst i varmt och torrt klimat

Rabigato har små druvor som sitter i täta klasar och har tunt skal, vilket gör dem känsliga för mjöldagg och gråmögel. Druvsorten passar således bäst i ett varmt och torrt klimat, som det i östra Douroregionen.

RABO DE OVELHA
MOGNAR SNABBT

- **Vintyper:** vitt.
- **Vinaromer:** medelkraftiga som liknar papaya och mango.
- **Synonymer:** médoc, rabigato och rabo de ovella.

Rabo de ovelha betyder tackans svans och hänvisar troligtvis till druvklasens form.

Ursprung i Alentejo

Rabo de ovelha uppkom i Alentejoregionen genom en naturlig korsning mellan mourisco branco från sydvästra Iberiska halvön och en ännu okänd förälder. Tillsammans med malvasia fina är rabo de ovelha förälder till vital.

Odlas i Alentejo

Alentejoregionen är det huvudsakliga odlingsområdet för rabo de ovelha, men man odlar också relativt mycket i Península de Setúbal-, Tejo-, Lisboa-, Bairrada-, Vinho Verde- och Douroregionerna. Den totala odlingsytan i Portugal är medelstor, men trenden är att den minskar.

Måste skördas tidigt

Rabo de ovelha har stora, täta och tunga klasar, vilket medför en relativt hög avkastning men också en känslighet för gråmögel. Vinrankan är känslig för torka och sköldlöss. Eftersom druvorna mognar snabbt, måste de skördas tidigt.

Rekommenderade viner

Från Dãoregionen:

- Ribeiro Santo Rabo de Ovelha (Magnum, Carlos Lucas Vinhos).

RUFETE
SEN- OCH SVÅRMOGEN

- **Vintyper:** rött och rosé.
- **Vinaromer:** kraftiga som liknar plommon, vinbär, körsbär, jordgubbe, blåbär, björnbär, katrinplommon, blommor, timjan, mynta och mineral.
- **Synonymer:** penamacor, preto rifete, rifete, rosete, rosette, rufeta och tinta pinheira.

Ursprung i Beira Interior

Rufete uppkom i Beira Interior-regionen genom en naturlig korsning mellan verdejo serrano från västra Spanien och tinta negra från Lisboaregionen. Nära släktskap med ett flertal av centrala Spaniens druvsorter tyder på att rufete är en mycket gammal sort, även om den nämndes i skrift första gången i slutet av 1800-talet.

Odlas i Beira Interior

Beira Interior-regionen är det huvudsakliga odlingsområdet för rufete, men stora odlingar finns också i Dão- och Douroregionerna. Den totala odlingsytan i Portugal är medelstor, men trenden är att den minskar. Utanför Portugal odlar man denna druvsort också i Spanien, under namnet *castellana*.

Svårmogna druvor

Vinrankan är känslig för vinrankslövhoppare och vinranksvecklare, vilkas angrepp kan sprida både mögel och sjukdomar. En låg mineralhalt i jorden kan också påverka vinrankan negativt. Dessutom har den en benägenhet att misslyckas med blomningen.

Druvklasarna är täta och druvorna mognar mycket sent på säsongen, vilket innebär att varma och torra odlingsplatser är att föredra. Svala och fuktiga platser kan leda till att druvorna angrips av mjöldagg och grämögel, samt att de inte mognar helt. Omogna druvor ger lätta, lågalkoholiga, syrliga och strama viner. Rufetes stora fördel är att den ger en hög avkastning.

Rekommenderade viner

Från Beira Interior-regionen:

- Talhão da Serra Reserva (Quinta dos Termos)
- Dois Ponto Cinco Rufete Vinhas Velhas (2.5 Vinhos de Belmonte).

Från Dãoregionen:

- Quinta de Saes Tinta Pinheira (Quinta da Pellada)
- O Fugitivo Tinta Pinheira (Casa da Passarella).

Från Douroregionen:

- Quinta de Cidrô Rufete (Real Companhia Velha).

TINTA BARROCA
ALKOHOL TILL PORTVIN

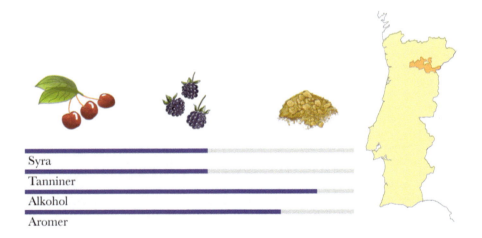

- **Vintyper:** starkvin och rött.
- **Vinaromer:** kraftiga som liknar surkörsbär, körsbär, röda vinbär, hallon, björnbär, plommon, sylt, blommor och jord.
- **Synonymer:** barroca, boca de mina, tinta gorda, tinta grossa och tinta vigária.

Portvinshusen älskar tinta barroca på grund av att den ger extremt söta druvor och därmed potentiellt mycket hög alkoholhalt. En naturligt hög alkoholhalt i vinet leder till ett mindre behov av tillsatt druvsprit, vilket sparar mycket pengar när man gör portvin.

Ursprung i Douro

Tinta barroca uppkom i Douroregionen genom en naturlig korsning mellan touriga nacional från Dão och marufo från Iberiska halvön. Detta betyder att tinta barroca är syskon till touriga franca och tinta da barca från Douroregionen.

Odlas i Douro

Douroregionen är det huvudsakliga odlingsområdet för tinta barroca. Den totala odlingsytan i Portugal är stor, men trenden är att den minskar. Utanför Portugal odlar man denna druvsort också i Sydafrika.

Högavkastande och mognar tidigt

Tinta barrocas stora druvor ger hög avkastning och mognar mycket tidigt, vilket har gjort druvsorten väldigt populär hos vinodlarna.

På grund av sitt tunna skal är druvorna hos tinta barroca känsliga för extrem värme i kombination med vattenbrist. Sådana förutsättningar leder till att druvorna torkar och skrumpnar, och därför odlar man denna druva i huvudsak i svalare lägen i Douro. Det är också i de allra svalaste lägena som kvaliteten blir som högst. I torra och heta områden finns risk att de tidigt mognande druvorna lätt blir extremt övermogna. Sockerkoncentrationen ökar nämligen mycket snabbt under den sista mognadsfasen.

Trots sitt tunna druvskal klarar sig druvsorten relativt bra mot mögel. Detta beror på de stora, luftiga druvklasarna. Viss känslighet för mjöldagg finns dock.

Rekommenderade viner

Från Douroregionen:

- Dorina Lindemann Tinta Barroca (Quinta da Plansel)
- Muxagat Tinta Barroca (Muxagat Vinhos)
- Quinta do Portal Tinta Barroca (Quinta do Portal).

TINTA CARVALHA
LÄTTA VINER

- **Vintyper:** rött.
- **Vinaromer:** svaga som liknar hallon och svarta vinbär.
- **Synonymer:** lobão, preto gordo och tinta carvalha du douro.

Med sin struktur och sina aromer borde tinta carvalha passa bäst som rosévin, men den förekommer nästan bara i gamla blandodlingar som oftast blir till rött vin.

Ursprung i nordost

Tinta carvalha uppkom i nordöstra Portugal genom en naturlig korsning mellan mourisco branco från sydvästra Iberiska halvön och cainho da terra från Portugal.

Odlas i nordost

Nordöstra Portugal (Douro och Trás-os-Montes) är det huvudsakliga odlingsområdet för tinta carvalha. Den totala odlingsytan i Portugal är medelstor, men trenden är att den minskar något.

Druvorna mognar sent

Tinta carvalha ger en stabil avkastning och är därför populär bland vinodlare. De stora druvorna har tunt till medeltjockt skal, sitter i täta klasar och mognar relativt sent, vilket gör dem känsliga för mjöldagg och grämögel.

Rekommenderade viner

Från Alentejoregionen:

- Chão dos Eremitas Tinta Carvalha Vinhas Velhas (Fitapreta Vinhos).

TINTA GORDA
KÄNSLIGA DRUVOR

- **Vintyper:** rött.
- **Vinaromer:** kraftiga som liknar hallon, körsbär och örter.
- **Synonymer:** gorda.

Ursprung i västra Spanien

Tinta gorda uppkom i Los Arribes del Duero i västra Spanien genom en naturlig korsning mellan alfrocheiro från Dãoregionen och mourisco branco från sydvästra Iberiska halvön. Därmed är den syskon till camarate, casculho, castelão, cornifesto, jampal, malvasia preta och moreto.

Odlas i Trás-os-Montes

Trás-os-Montes-regionen är det huvudsakliga odlingsområdet för tinta gorda, men relativt stora odlingar finns också i Beira Interior-regionen. Den totala odlingsytan i Portugal är medelstor, men trenden är att den minskar. Utanför Portugal odlar man denna druvsort i västra Spanien, under namnet *juan garcía*.

Blir lätt russin

Tinta gordas täta druvklasar gör druvorna känsliga för mjöldagg och gråmögel. Druvorna mognar tidigt och skrumpnar därefter ofta snabbt till russin. Detta höjer druvornas sockernivå, vilket gör att vinerna i sin tur får högre alkoholhalt.

Rekommenderade viner

Från Trás-os-Montes-regionen:

- Palácio dos Távoras Tinta Gorda (Costa Boal Family Estates).

TRAJADURA
RELATIVT NEUTRALA VINER

- **Vintyper:** vitt.
- **Vinaromer:** kraftiga som liknar citron, äpple, päron, persika, aprikos och apelsinblomma.
- **Synonymer:** tragadura, trincadeira, trincadente och trincadente.

Ursprung i Vinho Verde

Trajadura uppkom i Vinho Verde-regionen genom en naturlig korsning mellan två ännu okända föräldrar. Det är dock bevisat att den är nära släkt med ett flertal av regionens druvsorter.

Odlas i Vinho Verde

Vinho Verde-regionen är det huvudsakliga odlingsområdet för trajadura. Den totala odlingsytan i Portugal är medelstor, men trenden är att den minskar något. Utanför Portugal odlar man trajadura i huvudsak i Spanien, under namnet *treixadura*.

Mycket täta klasar

Trajaduras druvor har tunt skal och sitter i täta klasar, vilket gör dem känsliga för mjöldagg och gråmögel. Men de täta klasarna ger också relativt hög avkastning. Vinrankan är känslig för vinbladsmögel och misslyckad blomning.

Rekommenderade viner

Från Vinho Verde-regionen:

- Casa de Vila Boa Trajadura (Casa de Vila Boa)
- Raza Pet-Nat Branco (Quinta da Raza).

VIOSINHO
DOUROS BÄSTA GRÖNA

- **Vintyper:** vitt.
- **Vinaromer:** medelkraftiga som liknar plommon, kamomillblom och mineral.
- **Synonymer:** véozinho verdeal.

Viosinho är kanske Douroregionens bästa gröna druvsort, då den ger fylliga och relativt komplexa vita viner.

Ursprung i Douro

Viosinho uppkom i Douroregionen genom en naturlig korsning mellan savagnin från nordöstra Frankrike och en ännu okänd förälder. Den stora genetiska mångfalden tyder på att det är en gammal druvsort, och den nämns i skrifter redan från slutet av 1700-talet.

Odlas i Douro

Douroregionen är det huvudsakliga odlingsområdet för viosinho, men man odlar även relativt mycket i Trás-os-Montes-regionen. Den totala odlingsytan i Portugal är medelstor, men trenden är att den minskar.

Motståndskraftig och lättodlad

Viosinhos druvor mognar tidigt, vilket bidrar till dess motståndskraft och gör den mycket lättodlad. Druvornas låga syra är sortens största nackdel, men vinodlarna kan delvis lösa detta problem genom att välja svalare odlingslägen.

Rekommenderade viner

Från Douroregionen:

- Côrte Branco (Quinta da Côrte)
- D. Graça Viosinho Reserva (Vinilourenço)
- Meruge Branco (Lavradores de Feitoria)
- Quinta Seara d'Ordens Viosinho (Quinta Seara d'Ordens).

Från Lisboaregionen:

- AdegaMãe Viosinho (Adega Mãe)
- Quinta do Gradil Viosinho (Quinta do Gradil).

VITAL
GILLAR SVALT OCH BLÅSIGT

- **Vintyper:** vitt.
- **Vinaromer:** medelkraftiga till kraftiga som liknar citron, apelsin, grönt äpple, päron, persika, honungsmelon, honung, apelsinblom, ros, salvia och mineral.
- **Synonymer:** boal bonifacio, malvasia corada, malvasia fina och malvasia fina do douro.

Den relativt låga syran hos vital gör att den, med ett fåtal undantag, sällan passar att göra endruvsvin av. I de flesta fall ingår den därför i blandviner, eller så destillerar man den till druvsprit, aguardente.

Ursprung i Lisboa

Vital uppkom i Lisboaregionen genom en naturlig korsning mellan malvasia fina från Douroregionen och rabo de ovelha från Alentejoregionen. Tillsammans med uva cão från Dãoregionen är vital förälder till malvasia branca de são jorge och sercialinho.

Odlas i Lisboa

Lisboaregionen är det huvudsakliga odlingsområdet för vital, men man odlar även relativt mycket i Douro- och Tejoregionerna. Den totala odlingsytan i Portugal är medelstor, men trenden är att den minskar.

Vantrivs på torra platser

Vital är mycket känslig för torka, som gör så att druvorna skrumpnar och inte mognar tillräckligt bra. Dessutom är druvorna känsliga för mjöldagg och gråmögel och vinrankan för vinranksvecklare. Svalare och blåsigare odlingsplatser ger bäst resultat.

Rekommenderade viner

Från Lisboaregionen:

- Casa das Gaeiras Vital Vinhas Velhas Reserva (Tapada das Gaeiras, Parras Vinhos)
- Quinta de Pancas Vital Reserva (Quinta de Pancas)
- Ramilo Vital (Casal do Ramilo).

OVANLIGA SORTER

Nitton gröna och tjugo blå druvsorter har jag kategoriserat som *ovanliga sorter*. De odlas oftast bara i ett fåtal regioner i landet och täcker tillsammans cirka 3,8 procent av Portugals totala vinodlingsyta.

AGRONÓMICA
RÖKIG FRÅN AZORERNA

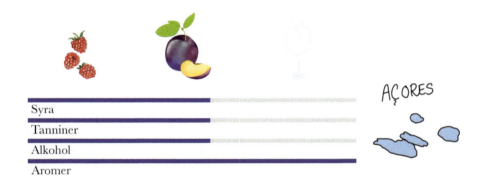

- **Vintyper:** rött.
- **Vinaromer:** mycket kraftiga som liknar jordgubbe, hallon, körsbär, plommon och rök.
- **Synonymer:** inga.

Enligt många skribenter är agronómica en korsning mellan castelão och muscat of hamburg, men detta stämmer inte med DNA-analyser som har gjorts.

Framtagen i Portugal

Agrónomica uppkom i mitten av 1900-talet på den nationella agronomiska forskningsstationen väster om Lissabon genom att José Leão Ferreira de Almeida korsade två okända druvsorter.

Odlas på Azorerna

Azorerna är det huvudsakliga odlingsområdet för agrónomica, men mindre odlingar finns också i södra Portugal. Den totala odlingsytan i Portugal är liten, men trenden är att den ökar.

ÁGUA SANTA
MOTSTÅNDSKRAFTIG

- **Vintyper:** rött.
- **Vinaromer:** medelkraftiga som liknar jordgubbe, hallon och björnbär.
- **Synonymer:** inga.

Água santa betyder heligt vatten, men vad namnet kommer ifrån är okänt.

Framtagen i Portugal

Água santa uppkom år 1948 på den nationella agronomiska forskningsstationen väster om Lissabon genom att José Leão Ferreira de Almeida korsade

- antingen camarate från Bairradaregionen med castelão från södra Portugal
- eller camarate vermelho från Portugal med castets från Frankrike.

Odlas i Bairrada och Lisboa

Bairrada- och Lisboaregionerna är de huvudsakliga odlingsområdena för água santa. Den totala odlingsytan i Portugal är liten, och trenden är att den minskar.

Motståndskraftig och högavkastande

Água santa är motståndskraftig mot svampsjukdomar och ger relativt hög avkastning.

ALVARELHÃO
HÖGKVALITATIV MEN IMPOPULÄR

- **Vintyper:** rött.
- **Vinaromer:** medelkraftiga som liknar vinbär, jordgubbe, hallon, viol, ros och lavendel.
- **Synonymer:** alvaralhão, alvarelhao, alvarelho, alvarellao, avarilhão, *brancelho*, broncellao, locaia, pilongo, pirruivo, serradelo, serradillo, uva gallega, varancelha och verancelha.

Ursprung i Douro eller Dão

Alvarelhão uppkom i Douro- eller Dãoregionen genom en naturlig korsning mellan två ännu okända föräldrar. Dess stora genetiska mångfald tyder på att det är en relativt gammal druvsort.

Odlas i norr

Norra Portugal (Trás-os-Montes, Vinho Verde, Douro och Dão) är det huvudsakliga odlingsområdet för alvarelhão. Den totala odlingsytan i Portugal är liten, och trenden är att den minskar.

Druvorna är känsliga för mögel

Alvarelhãos sent mognande druvor med tunt skal sitter i täta klasar och är därför känsliga för mjöldagg och gråmögel. Vinrankan skadas också lätt av vinrankslövhoppare.

Rekommenderade viner

Från Vinho Verde-regionen:

- Alvarelhão Blanc de Noirs (Anselmo Mendes)
- Muros Antigos Alvarelhão Espumante (Anselmo Mendes)
- Ouranos Alvarelhão (Aphros Wine)
- Pardusco Private (Anselmo Mendes).

Från Douroregion:

- Alvarelhão Blanc de Noirs Reserva (Quinta dos Avidagos).

AMARAL
KRAFTIG MEN SYRLIG

- **Vintyper:** rött och rosé.
- **Vinaromer:** kraftiga som liknar röda vinbär, jordgubbe och hallon.
- **Synonymer:** *azal tinto*, azar, cainho bravo, cainho míudo och cainzinho.

Ursprung i Vinho Verde

Amaral uppkom i Vinho Verde-regionen genom en naturlig korsning mellan två ännu okända föräldrar.

Amaral är tillsammans med

- pintosa från norra Portugal förälder till loureiro från Vinho Verde
- azal från Vinho Verde förälder till barcelo från Portugal
- en okänd partner förälder till vinhão från Vinho Verde
- hebén från södra Spanien förälder till malvasia de colares från Lisboa.

Ovanstående innebär att amaral troligtvis är en av de äldsta druvsorterna i Vinho Verde-regionen.

Odlas i sydöstra Vinho Verde

Vinho Verde-regionen, särskilt den sydöstra delen, är det huvudsakliga odlingsområdet för amaral. Den totala odlingsytan i Portugal är liten, och trenden är att den minskar.

Lågavkastande men motståndskraftig

Amarals små klasar har låg vikt och ger därför en låg avkastning. Trots att druvorna mognar sent är de motståndskraftiga mot mögelsjukdomar.

BORRAÇAL
MYCKET SVÅRODLAD

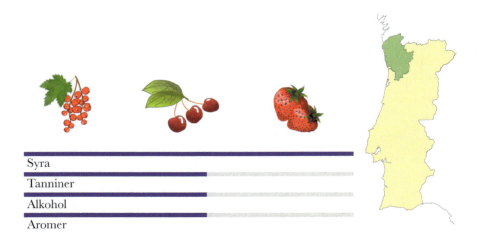

- **Vintyper:** rött och rosé.
- **Vinaromer:** medelkraftiga som liknar röda vinbär, körsbär och jordgubbe.
- **Synonymer:** azedo, bogalhal, borraco, cainho gordo, cainho grande, cainho grosso, esfarrapa, espadeiro redondo, morraca, olho de sapo och tinta femia.

Ursprung i Vinho Verde

Borraçal uppkom i Vinho Verde-regionen genom en naturlig korsning mellan två ännu okända föräldrar. Tillsammans med marufo är borraçal förälder till mourisco de semente. Det tidigaste omnämnandet i skrift är från år 1790.

Odlas i centrala Vinho Verde

Vinho Verde-regionen, särskilt de centrala delarna av delregionen Ave och de östra delarna av delregionen Lima, är det huvudsakliga odlingsområdet för borraçal. Den totala odlingsytan i Portugal är liten, och trenden är att den minskar ytterligare. Utanför Portugal odlar man borraçal i Spanien, under namnet *caíño tinto*.

Svårodlad med oregelbunden avkastning

Vinrankorna blommar tidigt och misslyckas därför lätt med just blomningen. Misslyckad druvutveckling är tyvärr inte heller ovanligt. Av dessa anledningar är avkastningen oregelbunden, men även ett bra år ger de små klasarna en låg avkastning.

För att mogna helt behöver druvorna en varm växtplats. Eftersom borraçal är en sent mognande druvsort, är druvorna känsliga för mjöldagg och väldigt känsliga för gråmögel. Får druvorna för mycket sol kan de dock bränna sig, vilket leder till att de inte mognar så bra.

CASCULHO
I BLANDVIN FRÅN DOURO

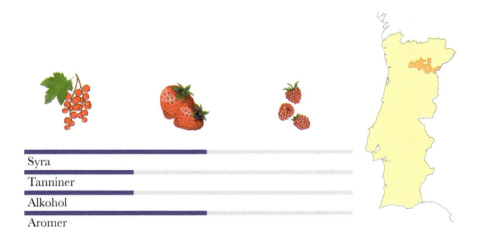

- **Vintyper:** rött.
- **Vinaromer:** medelkraftiga som liknar röda vinbär, jordgubbe och hallon.
- **Synonymer:** cascudo.

Eftersom casculho ger lätta och enkla viner, väljer nästan alla vinproducenter att blanda den med andra druvsorter. Därför går det inte att hitta några endruvsviner gjorda på casculho.

Ursprung i Trás-os-Montes

Casculho uppkom i Trás-os-Montes-regionen genom en naturlig korsning mellan alfrocheiro från Dão och mourisco branco från sydvästra Iberiska halvön. Detta betyder att casculho är syskon till camarate, castelão, cornifesto, jampal, malvasia preta, moreto och tinta gorda.

Odlas i Douro

Douroregionen är det huvudsakliga odlingsområdet för casculho. Den totala odlingsytan i Portugal är liten, och trenden är att den minskar ytterligare.

CERCEAL BRANCO
ODLAS I DOURO OCH DÃO

- **Vintyper:** vitt, mousserande och starkvin.
- **Vinaromer:** kraftiga till mycket kraftiga som liknar lime, grapefrukt, grönt äpple, päron, persika, honungsmelon, honung, gräs, örter och mineral.
- **Synonymer:** cerceal, cerceal du douro, cerceo, cercial, cercial do douro och cercial du dão.

Många blandar ihop cerceal branco med cercial och/eller sercial, vilket inte är konstigt med tanke på namnens uppenbara likheter. De lokala synonymerna spär också på förvirringen ytterligare. Cerceal branco odlar man i Douro- och Dãoregionerna, medan cercial odlas i Bairradaregionen, och sercial i Bucelas och på Madeira.

Ursprung i Dão

Cerceal branco uppkom i Dãoregionen genom en naturlig korsning mellan malvasia fina från Douroregionen och tinta pereira från Portugal.

Odlas i Dão och Douro

Dão- och Douroregionerna är de huvudsakliga odlingsområdena för cerceal branco. Den totala odlingsytan i Portugal är liten, men trenden är att den ökar.

Mögelkänslig och högavkastande

Cerceal brancos druvor mognar sent och sitter i täta klasar, vilket gör dem känsliga för mjöldagg och gråmögel. Vinrankan är även känslig för vinbladsmögel. De täta klasarna ger dock en hög och regelbunden avkastning.

Rekommenderade viner

Från Douroregionen:

- Fora da Série Cerceal (Poças).

Från Dãoregionen:

- Quinta de Saes Cerceal Branco (Quinta da Pellada).

CERCIAL
ODLAS I BAIRRADA

- **Vintyper:** vitt och mousserande.
- **Vinaromer:** kraftiga som liknar äpple, äppelmos, torkad persika eller mango, jasminblom, petroleum och mineral.
- **Synonymer:** cerceal branco, cerceal na bairrada, *cercial da bairrada*.

Många blandar ihop cercial med sercial och/eller cerceal branco, vilket inte är konstigt med tanke på namnens uppenbara likheter. De lokala synonymerna spär också på förvirringen ytterligare. Cercial odlar man i

Bairradaregionen, medan sercial odlas i Bucelas och på Madeira, och cerceal branco i Douro- och Dãoregionerna.

Ursprung i Bairrada

Cercial uppkom i Bairradaregionen genom en naturlig korsning mellan malvasia fina från Douroregionen och sercial från Lisboaregionen.

Odlas i Bairrada

Bairradaregionen är det huvudsakliga odlingsområdet för cercial. Den totala odlingsytan i Portugal är liten, men trenden är att den ökar.

Svårodlad

Cercial har små druvklasar med låg vikt, vilket leder till bara en genomsnittlig avkastning. I Bairradaregionens fuktiga väder är druvorna känsliga för mjöldagg och gråmögel. Vinrankan misslyckas lätt med blomningen och druvutvecklingen, och den är känslig för vinranksvecklare.

Rekommenderade viner

Från Bairradaregionen:

- Parcela Cândido Cercial (Luís Pato)
- Campolargo Cercial (Campolargo Vinhos)
- Campolargo Cercial Espumante (Campolargo Vinhos).

CÓDEGA DO LARINHO
MYCKET AROMATISK

- **Vintyper**: vitt och mousserande.
- **Vinaromer**: mycket kraftiga som liknar lime, persika, melon, ananas, passionsfrukt, apelsinblom och mineral.
- **Synonymer**: códega de larinho och côdega larinho.

Códega, vars officiella namn är síria, och códega do larinho är inte samma druvsort. Tyvärr är det vanligt att man förväxlar dessa druvsorter med varandra.

Ursprung i Douro

Códega do larinho uppkom i Douroregionen genom en naturlig korsning mellan rabigato från Douroregionen och hebén från södra Spanien.

Odlas i nordost

Nordöstra Portugal (Douro och Trás-os-Montes) är det huvudsakliga odlingsområdet för códega do larinho. Den totala odlingsytan i Portugal är liten, och trenden är att den minskar ytterligare.

Känslig för vinbladsmögel

Códega do larinho har stora klasar med hög vikt, men ger ändå bara en genomsnittlig avkastning. Vinrankan är känslig för vinbladsmögel.

Rekommenderade viner

Från Douroregionen:

- CARM Códega do Larinho (CARM)
- Mãos Códega do Larinho (Mãos & Irmãos).

COMPLEXA
LÄTTODLAD

- **Vintyper:** starkvin.
- **Vinaromer:** medelkraftiga som liknar röda vinbär, jordgubbe, hallon och karamell.
- **Synonymer:** inga.

Framtagen i Portugal

Complexa uppkom år 1959 på den nationella agronomiska forskningsstationen väster om Lissabon. Där korsade José Leão Ferreira de Almeida först castelão med alicante bouschet, avkomman korsade han sedan med alicante bouschet igen och denna avkomma korsade han slutligen med muscat of hamburg.

Odlas på Madeira

Madeira är det huvudsakliga odlingsområdet för complexa. Den totala odlingsytan i Portugal är liten, men trenden är att den ökar.

Lättodlad trots rötkänslighet

Vinrankans ved är mottaglig för röta, men i övrigt är denna sort och dess druvor relativt okänsliga och lättodlade.

DONZELINHO BRANCO
LÅGAVKASTANDE

- **Vintyper:** vitt och starkvin.
- **Vinaromer:** medelkraftiga som liknar grapefrukt, ananas, papaya, jasminblom, apelsinblom, rosmarin, mineral och petroleum.
- **Synonymer:** donzellinho branco, rabigato, terrantes och terrantez.

Ursprung i Douro

Donzelinho branco uppkom i Douroregionen genom en naturlig korsning mellan gouveio från nordvästra Spanien och cainho da terra från Portugal. Detta betyder att donzelinho branco är syskon till donzelinho tinto. Donzelinho branco är en gammal druvsort som nämns i skrifter från så tidigt som år 1531.

Odlas i nordost

Nordöstra Portugal (Douro och Trás-os-Montes) är det huvudsakliga odlingsområdet för donzelinho branco. Den totala odlingsytan i Portugal är liten, och trenden är att den minskar ytterligare.

Lätta klasar och tidig knoppning

Donzelinho branco har små klasar med mycket låg vikt, vilket ger en låg avkastning. Detta har gjort druvsorten impopulär. Därutöver knoppar vinrankan tidigt och är därför känslig för vårfrost. Dessutom är druvorna känsliga för mjöldagg och gråmögel.

Rekommenderade viner

Från Douroregionen:

- D. Graça Donzelinho Branco (Vinilourenço)
- Séries Donzelinho Branco (Real Companhia Velha).

DORINTO
KLARAR VARMT KLIMAT

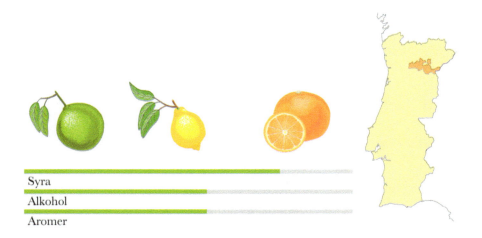

- **Vintyper:** vitt och starkvin.
- **Vinaromer:** medelkraftiga som liknar lime, citron och apelsin.
- **Synonymer:** arinto, arinto branco, arinto cachudo, arinto de trás-os-montes, *arinto do douro*, arinto do interior och arinto no douro.

Arinto och dorinto (arinto do douro) är inte samma druvsort, men tyvärr är det vanligt att man förväxlar dessa med varandra.

Ursprung i Dão

Dorinto uppkom i Dãoregionen genom en naturlig korsning mellan två ännu okända föräldrar.

Odlas i Douro

Douroregionen är det huvudsakliga odlingsområdet för dorinto. Den totala odlingsytan i Portugal är liten, men trenden är att den ökar något.

Klarar värme bra

Dorinto har stora blad, vilket gör att den klarar ett varmt klimat ovanligt bra.

ESPADEIRO
ROSÉ FRÅN VINHO VERDE

- **Vintyper:** rosé och rött.
- **Vinaromer:** svaga till medelkraftiga som liknar smultron, jordgubbe, hallon och mineral.
- **Synonymer:** espadeiro do basto, espadeiro da terra, espadeiro tinto, padeiro, padeiro de basto, padeiro tinto, tinta dos pobres och torneiro.

Ursprung i Vinho Verde

Espadeiro uppkom i Vinho Verde-regionen genom en naturlig korsning mellan två ännu okända föräldrar.

Odlas i Vinho Verde

Vinho Verde-regionen, särskilt de östra delarna, är det huvudsakliga odlingsområdet för espadeiro. Den totala odlingsytan i Portugal är liten, och trenden är att den minskar ytterligare.

Hög avkastning men svårmognad

Espadeiros druvor mognar sent, så det är tur att de tål både fukt och vind. Ett varmt odlingsläge är en förutsättning för att druvorna ska mogna helt. Vid rätt förutsättningar ger vinrankan stora klasar och därmed en hög avkastning.

Rekommenderade viner

Från Vinho Verde-regionen:

- Casal de Ventozela Espadeiro Rosé (Casal de Ventozela)
- Encosta do Xisto Espadeiro Rosé (Encosta do Xisto)
- Quinta de Carapeços Espumante Rosé Bruto (Quinta de Carapeços).

FOLGASÃO
INTE TERRANTEZ PÅ MADEIRA

- **Vintyper:** vitt och starkvin.
- **Vinaromer:** medelkraftiga som liknar lime, grönt äpple, grönt päron, persika, mandel och mineral.
- **Synonymer:** alfrocheiro branco, carão de moça, folgosão, folgusão, fulgação, terrantez och terrantez da madeira.

Många trodde länge att folgasão var samma druvsort som terrantez på Madeira, men detta har visat sig inte alls stämma.

Ursprung i Dão eller västra Spanien

Folgasão uppkom i Dãoregionen eller precis på andra sidan gränsen i västra Spanien genom en naturlig korsning mellan savagnin från nordöstra Frankrike och en ännu okänd förälder. Historiskt har man odlat folgasão i både Portugal och Spanien, men idag finns den bara kvar i Portugal.

Folgasão roxo är endast en färgmutation av folgasão och inte en egen sort.

Odlas i nordost

Nordöstra Portugal (Trás-os-Montes, Douro, Dão och Beira Interior) är det huvudsakliga odlingsområdet för folgasão. Den totala odlingsytan i Portugal är liten, och trenden är att den minskar ytterligare.

Låg och oregelbunden avkastning

Folgasão har små druvor som sitter i små, täta klasar med låg vikt, vilket gör druvorna känsliga för mjöldagg. Vinrankorna knoppar och blommar tidigt, vilket gör att dåligt väder inte sällan får blomningen att misslyckas. Sammantaget leder detta till en låg och oregelbunden avkastning.

Rekommenderade viner

Från Douroregionen:

- Folgasão dos dois! by Joana e António (Maçanita Irmãos e Enólogos).

FONTE CAL
MYCKET UNDERSKATTAD

- **Vintyper:** vitt.
- **Vinaromer:** kraftiga som liknar kvitten, persika, passionsfrukt, apelsinblom, lindblom och jasminblom.
- **Synonymer:** fonte da cal, fonte de cal, fontecal och rabigata.

Ursprung i Beira Interior

Fonte cal uppkom i Beira Interior-regionen genom en naturlig korsning mellan två ännu okända föräldrar.

Odlas i Beira Interior

Beira Interior-regionen är det huvudsakliga odlingsområdet för fonte cal. Den totala odlingsytan i Portugal är liten, och trenden är att den minskar ytterligare.

Lättodlad

Fonte cal är relativt lättodlad och ger hyfsad avkastning.

Rekommenderade viner

Från Beira Interior-regionen:

- Beyra Fonte Cal Superior (Rui Roboredo Madeira)
- Dois Ponto Cinco Fonte Cal (2.5 Vinhos de Belmonte).

GRAND NOIR
FRANSK MED RÖTT FRUKTKÖTT

- **Vintyper:** rött.
- **Vinaromer:** kraftiga till mycket kraftiga som liknar plommon, björnbär, mullbär, fikon, choklad, lakrits, peppar, kardemumma och mineral.
- **Synonymer:** baga, grand bouschet, granua, pe de perdiz, pe de pombo, sousão do oeste, sumo tinto, tinta fina, tinta francesa och tinturão.

Framtagen i Frankrike

Grand noir uppkom år 1855 på en gård utanför Montpellier i södra Frankrike genom att Henri Bouschet korsade aramon noir från södra Frankrike med petit bouschet, också den från Frankrike.

Odlas i Alentejo

Alentejoregionen är det huvudsakliga odlingsområdet för grand noir. Den totala odlingsytan i Portugal är liten, och trenden är att den minskar ytterligare. Utanför Portugal odlar man grand noir i huvudsak i Spanien, under namnet *gran negro*.

Högavkastande och färgstark

Grand noir har tunga druvklasar som ger en hög avkastning. Fruktköttet är blårött och ger därmed mycket färg till vinerna. De sent mognande druvorna är känsliga för mjöldagg.

Rekommenderade viner

Från Alentejoregionen:

- DSF Grand Noir (José Maria da Fonseca).

MALVASIA DE SÃO JORGE
GRUNDEN FÖR MALMSEY

- **Vintyper:** starkvin.
- **Vinaromer:** kraftiga som liknar honung, salvia och mynta.
- **Synonymer:** *malvasia*, malvasia b de s. jorge, malvasia branca de s. jorge, malvasia branca de são jorge och *malvazia*.

Malvasia de são jorge har blivit den viktigaste druvsorten för att göra malmsey eller malvasia, den sötaste typen av madeira. Man introducerade dock druvsorten till ön så sent som på 1970-talet, och det dröjde till 1990-talet innan odlingarna hade börjat expandera ordentligt.

Framtagen i Portugal

Malvasia de são jorge uppkom i mitten av 1900-talet på den nationella agronomiska forskningsstationen väster om Lissabon genom att José Leão Ferreira de Almeida korsade vital från Lisboaregionen med uva cão från Dãoregionen. Detta betyder att malvasia de são jorge är syskon till sercialinho.

Odlas på Madeira

Madeira är det huvudsakliga odlingsområdet för malvasia de são jorge. Den totala odlingsytan i Portugal är liten, men trenden är att den ökar.

Mycket mottaglig för gråmögel

Druvorna är mycket känsliga för gråmögel, men avkastningen är hög.

MANTEÚDO
SPANJOR MED BLANDAT RYKTE

- **Vintyper:** vitt.
- **Vinaromer:** svaga som liknar papaya och mango.
- **Synonymer:** malvasia rasteiro, manteúdo branco, manteúdo do algarve, mantheudo och vale grosso.

Ursprung i sydvästra Spanien

Manteúdo uppkom i sydvästra hörnet av Spanien genom en naturlig korsning mellan två ännu okända föräldrar. Eftersom den genetiskt skiljer sig från alla andra portugisiska druvsorter är det troligt att druvsorten är ganska ny i Portugal.

Odlas i Alentejo och Algarve

Alentejo- och Algarveregionerna är de huvudsakliga odlingsområdena för manteúdo. Den totala odlingsytan i Portugal är liten, och trenden är att den minskar ytterligare. Utanför Portugal odlar man manteúdo i huvudsak i dess hemland Spanien, under namnet *listán de huelva*.

Motståndskraftig och högavkastande

Manteúdo har stora och tunga klasar med stora druvor, vilket ger en hög avkastning. Detta i kombination med dess motståndskraft mot sjukdomar och torka har gjort den mycket populär bland vinodlare. Dagens kvalitetsmedvetna vinproducenter uppskattar dock inte vinernas låga kvalitet, vilket gör att druvsorten ändå tappar mark.

MOURISCO BRANCO
URMODER

- **Vintyper:** vitt.
- **Vinaromer:** medelkraftiga som liknar lime, citron, äpple, persika och honung.
- **Synonymer**: boal carrasquenha, boal carrasquenho, carrasquenho, morisco, mourisco arsello, mourisco portalegre och sarigo.

Ursprung på sydvästra Iberiska halvön

Mourisco branco uppkom på sydvästra Iberiska halvön genom en naturlig korsning mellan hebén från södra Spanien och en ännu okänd förälder. Druvsorten är mycket gammal och har gett upphov till en stor mängd avkommor.

Bland annat har den tillsammans med

- alfrocheiro gett upphov till camarate, casculho, castelão, cornifesto, jampal, malvasia preta, moreto och tinta gorda
- cainho da terra gett upphov till tinta carvalha
- joão domingos gett upphov till antão vaz
- okända partner gett upphov till rabigato, rabo de ovelha och síria.

Odlas i Douro och Alentejo

Douro- och Alentejoregionerna är de huvudsakliga odlingsområdena för mourisco branco. Den totala odlingsytan i Portugal är liten, och trenden är att den minskar ytterligare. Utanför Portugal odlar man mourisco branco i huvudsak i Spanien, under namnen *cayetana blanca, pardina* eller *jaén blanco*.

Druvorna möglar lätt

Mourisco brancos druvor är stora, har tunt skal, växer i stora, täta klasar och mognar mycket sent. Detta ger hög avkastning, men också hög känslighet för mjöldagg och gråmögel.

MOURISCO DE SEMENTE
SVÅRMOGNA DRUVOR

- **Vintyper:** starkvin och rött.
- **Vinaromer:** svaga som liknar jordgubbe, hallon, körsbär, röda och svarta vinbär och björnbär.
- **Synonymer:** mourisco och mourisco de braga.

Ursprung i nordost

Mourisco de semente uppkom i nordöstra Portugal genom en naturlig korsning mellan marufo från Iberiska halvön och borraçal från Vinho Verde-regionen.

Odlas i Douro

Douroregionen är det huvudsakliga odlingsområdet för mourisco de semente. Den totala odlingsytan i Portugal är liten, och trenden är att den minskar ytterligare.

Sent mognande druvor

Druvorna mognar sent på säsongen.

PADEIRO
HÖGAVKASTANDE OCH OKÄNSLIG

- **Vintyper:** rosé, rött och mousserande.
- **Vinaromer:** medelkraftiga som liknar grapefrukt, jordgubbe, hallon, grön paprika, hö, apelsinblom och mineral.
- **Synonymer:** don pedro, padeiro de basto, tinto cão och tinto matias.

Ursprung i Vinho Verde

Padeiro uppkom i Vinho Verde-regionen genom en naturlig korsning mellan vinhão från Vinho Verde och hebén från södra Spanien.

Odlas i Vinho Verde

Vinho Verde-regionen, särskilt delregionen Basto, är det huvudsakliga odlingsområdet för padeiro. Den totala odlingsytan i Portugal är liten, men trenden är att den ökar.

Högavkastande och relativt okänslig

Padeiro har stora, luftiga druvklasar som ger en hög avkastning, och den är endast känslig för vinbladsmögel och torka.

Rekommenderade viner

Från Vinho Verde-region:

- Dom Diogo Padeiro (Quinta da Raza)
- QG Padeiro (Quinta de Gomariz).

PERRUM

SPANSKA PEDRO XIMÉNEZ

- **Vintyper:** vitt.
- **Vinaromer:** svaga till medelkraftiga som liknar lime och mineral.
- **Synonymer:** perrum branco.

På 1600-talet uppstod en myt om att perrum skulle ha sitt ursprung antingen på Madeira eller Kanarieöarna och att den därifrån skulle ha spridit sig till Andalusien och Alentejo via Tyskland. Vissa skribenter påstod till och med att druvsorten skulle vara släkt med riesling eller elbling. DNA-analyser avfärdar dock alla dessa myter, och det är dessutom lätt att konstatera att perrum aldrig skulle klara av det tyska klimatet.

Ursprung i södra Spanien

Perrum uppkom i spanska Andalusien genom en naturlig korsning mellan hebén från södra Spanien och en ännu okänd förälder. Det är en gammal druvsort som nämns i skrifter från så tidigt som år 1618.

Odlas i Alentejo

Alentejoregionen, särskilt de centrala och södra delarna, är det huvudsakliga odlingsområdet för perrum. Relativt stora odlingar finns också i Algarveregionen. Den totala odlingsytan i Portugal är liten, och trenden är att den minskar ytterligare. Utanför Portugal odlar man perrum i huvudsak i hemlandet Spanien, under namnet *pedro ximénez*, men relativt stora odlingar finns också i Chile.

Högavkastande men mögel- och rötkänslig

Perrums stora och tunga klasar ger en hög och regelbunden avkastning. De sent mognande druvorna är dock känsliga för både mjöldagg och gråmögel. Vinrankan är dessutom känslig för vinbladsmögel och röta i veden.

PETIT VERDOT
FRANSYSKA SOM TRIVS I VÄRMEN

- **Vintyper:** rött.
- **Vinaromer:** mycket kraftiga som liknar körsbär, plommon, viol, syren, svartpeppar och salvia.
- **Synonymer:** inga i Portugal.

Petit verdot blir, fritt översatt, den lilla gröna eller den lilla omogna, eftersom verdot kommer från franskans vert som betyder grön. Druvorna har också svårt att mogna helt – ett varmt klimat och en lång växtsäsong är en förutsättning för att de ska lyckas.

Ursprung i sydvästra Frankrike

Petit verdot uppkom i det sydvästfranska departementet Pyrénées-Atlantiques, som ligger söder om vinregionen Bordeaux, genom en naturlig korsning mellan två ännu okända föräldrar.

Odlas i Alentejo

Alentejoregionen är det huvudsakliga odlingsområdet för petit verdot. Den totala odlingsytan i Portugal är liten, och trenden är att den minskar ytterligare. Utanför Portugal är de länder som odlar mest (i fallande ordning) USA, Australien, Spanien och Frankrike.

Motståndskraftig mot gråmögel

Druvorna har tjockt skal, vilket gör dem motståndskraftiga mot gråmögel. Vid kallt väder kan dock druvutvecklingen ibland misslyckas, och dessutom är vinrankorna känsliga för torka.

Rekommenderade viner

Från Alentejoregionen:

- Dona Maria Petit Verdot (Júlio Bastos, Dona Maria Vinhos)
- Mingorra Petit Verdot (Herdade da Mingorra)
- Quinta do Mouro Petit Verdot (Quinta do Mouro)
- Vinha do Taco (Herdade de Coelheiros).

Från Douroregionen:

- Quinta da Romaneira Petit Verdot (Quinta da Romaneira)
- Quinta do Noval Petit Verdot (Quinta do Noval).

Från Lisboaregionen:

- Quinta do Monte d'Oiro Petit Verdot (Quinta do Monte d'Oiro).

Från Bairradaregionen:

- Diga? Tinto (Campolargo Vinhos).

PINOT NOIR

HAR INTE HITTAT HEM

- **Vintyper:** rött, mousserande och rosé.
- **Vinaromer:** kraftiga som liknar körsbär, hallon, björnbär, tryffel, kryddnejlika, vanilj, rök och mineral.
- **Synonymer:** inga i Portugal.

Ursprung i nordöstra Frankrike

Pinot noir uppkom i nordöstra Frankrike genom en naturlig korsning mellan två ännu okända föräldrar. Den är en extremt gammal druvsort, troligtvis uppåt tvåtusen år gammal. Det första skriftliga omnämnandet är från år 1283.

Tillsammans med gouais blanc från nordöstra Frankrike eller sydvästra Tyskland är pinot noir förälder till chardonnay från södra Bourgogne.

Odlas i flertalet regioner

Douro-, Lisboa-, Bairrada-, Dão-, Tejo- och Alentejoregionerna är de huvudsakliga odlingsområdena för pinot noir. Den totala odlingsytan i Portugal är liten, och trenden är att den minskar ytterligare. Utanför Portugal är de länder som odlar mest (i fallande ordning) Frankrike, USA, Tyskland, Moldavien, Nya Zeeland, Australien, Schweiz och Italien.

Svårodlad

Vinrankan knoppar och blommar tidigt och blomningen kan därför misslyckas. De små, tunnskaliga druvorna sitter i täta klasar, så på fuktiga platser angrips de lätt av mjöldagg och gråmögel. Å andra sidan kan för varma platser skålla druvorna och få dem att torka till russin. När druvorna har mognat måste de plockas omgående, eftersom de snabbt tappar balansen mellan socker och syra. Utöver dessa svårigheter är vinrankorna även känsliga för vinbladsmögel och vinrankslövhoppare.

Rekommenderade viner

Från Douroregionen:

- Aneto Espumante Reserva Pinot Noir Brut Nature (Aneto Wines)
- Aneto Pinot Noir (Aneto Wines)
- Czar Espumante Grande Cuvée Rosé Bruto (Caves da Murganheira)
- Niepoort Pinot Noir (Niepoort Vinhos)
- Phenomena Pinot Noir Rosé (Quanta Terra)
- Vértice Espumante Pinot Noir (Caves Transmontanas).

Från Lisboaregionen:

- Infinitude Pinot Noir (Infinitude Vinhos)
- Página Pinot Noir (Casa Romana Vini)
- Quinta do Rol Pinot Noir Reserva (Quinta do Rol)
- Quinta do Rol Espumante Grande Reserva Rosé Extra Bruto (Quinta do Rol).

Från Bairradaregionen:

- 99 Anos de História Rosé (Caves São João)
- Campolargo Espumante Rosé Bruto (Campolargo Vinhos)
- Campolargo Pinot Noir (Campolargo Vinhos).

Från Dãoregionen:

- Dom Bella Pinot Noir (Quinta de Bella).

Från Tejoregionen:

- Ninfa Platinum Espumante Brut Nature (João M. Barbosa Vinhos).

PRETO MARTINHO
VÄDERKÄNSLIG

- **Vintyper:** rött.
- **Vinaromer:** svaga som liknar hallon och körsbär.
- **Synonymer:** *amostrinha* och preto martinho do oeste.

Ursprung i nordöstra Portugal

Preto martinho uppkom i nordöstra Portugal genom en naturlig korsning mellan marufo från Iberiska halvön och tinta grossa från Alentejoregionen.

Odlas i Douro och Lisboa

Douro- och Lisboaregionerna är de huvudsakliga odlingsområdena för preto martinho. Den totala odlingsytan i Portugal är liten, och trenden är att den minskar ytterligare.

Känslig för mycket

Preto martinhos täta klasar är känsliga för mjöldagg och gråmögel. Vinrankan misslyckas lätt med både blomning och druvutveckling, och den är även känslig för röta i veden.

SAUVIGNON BLANC
BÄST FRÅN SVALA LÄGEN

- **Vintyper:** vitt.
- **Vinaromer:** kraftiga som liknar grapefrukt, lime, krusbär, päron, persika, passionsfrukt, sparris, gräs och örter.
- **Synonymer:** sauvignon.

En klunk sauvignon blanc-vin vid födseln lär ha gjort franske kung Henri IV till vinkännare senare i livet.

Ursprung i centrala Frankrike

Sauvignon blanc uppkom i Sancerre eller Pouilly i centrala Frankrike genom en naturlig korsning mellan savagnin från nordöstra Frankrike och en ännu okänd förälder. I skrift nämndes den för första gången redan år 1534. Tillsammans med cabernet franc från Baskien i norra Spanien är sauvignon blanc förälder till cabernet sauvignon.

Odlas i Tejo

Tejoregionen är det huvudsakliga odlingsområdet för sauvignon blanc, men man odlar också relativt mycket i Lisboa-, Península de Setúbal- och Douroregionerna. Den totala odlingsytan i Portugal är liten, men trenden är att den ökar. Utanför Portugal är de länder som odlar mest (i fallande ordning) Frankrike, Nya Zeeland, Chile, Sydafrika och Moldavien.

Mögelkänsliga druvor

Sauvignon blancs täta klasar är känsliga för mjöldagg och gråmögel. Dessutom är vinrankans ved allmänt känslig för röta.

Rekommenderade viner

Från Tejoregionen:

- Lagoalva Barrel Selection (Quinta da Lagoalva de Cima)
- Ninfa Escolha (João M. Barbosa Vinhos).

Från Lisboaregionen:

- AdegaMãe Sauvignon Blanc (AdegaMãe)
- Casal Sta. Maria Sauvignon Blanc (Casal Santa Maria)
- L'Emigrant Sauvignon Blanc (Lés-a-Lés Vinhos)
- Página Sauvignon Blanc (Casa Romana Vini)
- Quinta de Chocapalha Sauvignon Blanc (Quinta de Chocapalha).

Från Península de Setúbal-regionen:

- DSF Colecção Privada Sauvignon Blanc (José Maria da Fonseca).

SEARA NOVA
PRODUKTIV MEDELMÅTTA

- **Vintyper:** vitt.
- **Vinaromer:** svaga som liknar citron och persika.
- **Synonymer:** inga.

Framtagen i Portugal

Seara nova uppkom i mitten av 1900-talet på den nationella agronomiska forskningsstationen väster om Lissabon genom att José Leão Ferreira de Almeida korsade diagalves med fernão pires.

Odlas i Lisboa

Lisboaregionen är det huvudsakliga odlingsområdet för seara nova. Den totala odlingsytan i Portugal är liten, och trenden är att den minskar ytterligare.

Motståndskraftig och mycket produktiv

Trots att seara nova har medelstora druvor som sitter i luftiga klasar, väger klasarna relativt mycket och ger därmed hög avkastning. Det enda druvsorten är känslig för är röta i vinrankans ved.

SÉMILLON
SÖT POTENTIAL

- **Vintyper:** vitt.
- **Vinaromer:** kraftiga som liknar citron, äpple, persika, aprikos, honung, bivax, kamomillblom och mineral.
- **Synonymer:** boal och semilão.

Både i och utanför Portugal är sémillon mest känd för sina söta vita viner gjorda på ädelrötsangripna druvor.

Ursprung i Bordeaux

Sémillon uppkom i Bordeauxregionen i sydvästra Frankrike genom en naturlig korsning mellan två ännu okända föräldrar. Det råder dock osäkerhet om sémillon har sitt ursprung i delregionen Sauternes eller i Saint-Émilion. I Sauternes har man odlat den länge och i stor omfattning, men namnet kommer troligtvis från Semeljun, som är det lokala uttalet på Saint-Émilion. Att det första skriftliga omnämnandet är från 1736 ger belägg för att druvsorten är relativt gammal.

Odlas i inlandet

Inlandsregionerna (Douro, Dão och Alentejo) är det huvudsakliga odlingsområdet för sémillon. Den totala odlingsytan i Portugal är liten, och trenden är att den minskar ytterligare. Utanför Portugal är de länder som odlar mest (i fallande ordning) Frankrike och Australien.

Angrips lätt av gråmögel

Vinrankan angrips lätt av kvalster och vinrankslövhoppare. Därutöver blir de stora druvorna lätt angripna av gråmögel, men med rätt förutsättningar kan detta vara positivt. Det kan nämligen skapa något som kallas ädelröta, vilket ger fantastiska, söta viner.

Rekommenderade viner

Från Douroregionen:

- Aneto Colheita Tardia (Aneto Wines)
- Aneto S Colheita Tardia (Aneto Wines)
- Grandjó Late Harvest (Real Companhia Velha)
- Pacheca Colheita Tardia (Quinta da Pacheca).

Från Alentejoregionen:

- Conde d'Ervideira Sémillon Late Harvest (Ervideira)
- Esporão Private Selection White (Herdade do Esporão)
- Esporão Late Harvest (Herdade do Esporão).

SERCIAL
HUNDSTRYPAREN

- **Vintyper:** vitt och starkvin.
- **Vinaromer:** medelkraftiga som liknar grapefrukt, lime, citron, grönt äpple och mineral.
- **Synonymer:** arinto, arinto dos açores, cachorrinho, esgana, *esgana cão*, esgana de castelo de paiva, esganoso, esganoso de castelo de paiva, esganoso de penafiel, sarcial, serceal och uva cão.

I Bucelas går sercial främst under namnet esgana cão som betyder hundstryparen, vilket syftar på den väldigt höga syrahalt som druvorna kan få. Syrligheten är också anledningen till att det är ovanligt med endruvsvin gjort på sercial, undantaget är starkvinet madeira.

Många blandar ihop sercial med cerceal branco och/eller cercial, vilket inte är konstigt med tanke på namnens uppenbara likheter. De lokala synonymerna spär också på förvirringen ytterligare. Sercial odlar man i Bucelas och på Madeira, medan cerceal branco odlas i Douro- och Dãoregionerna, och cercial i Bairradaregionen.

Ursprung i Bucelas

Sercial uppkom i delregionen Bucelas i Lisboaregionen genom en naturlig korsning mellan två ännu okända föräldrar. Tillsammans med malvasia fina från Douroregionen är sercial förälder till cercial från Bairradaregionen.

Odlas i Bucelas och på Madeira

Madeira och Lisboaregionen, särskilt delregionen Bucelas, är de huvudsakliga odlingsområdena för sercial. Den totala odlingsytan i Portugal är liten, och trenden är att den minskar ytterligare.

Mycket känslig för gråmögel

Sercials druvor har tunna skal och mognar mycket sent, vilket gör att de är mycket känsliga för gråmögel. Vinrankorna är också känsliga för borbrist. Avkastningen är låg.

Rekommenderade viner

Från Madeira:

- Barbeito Sercial 10 Anos Reserva Velha (Vinhos Barbeito)
- Blandy's Sercial 10 Anos Seco (Blandy's, Madeira Wine Company)
- Blandy's Sercial Colheita 2002 (Blandy's, Madeira Wine Company)
- Henriques & Henriques Sercial 10 Years Old (Henriques & Henriques).

Från Península de Setúbal-regionen:

- Partage Sercial (Herdade do Portocarro).

TÁLIA
NEUTRAL ITALIENARE

- **Vintyper:** vitt.
- **Vinaromer:** svaga som liknar grapefrukt, lime, citron, gröna äpplen, persika och mineral.
- **Synonymer:** alfrocheiro branco, branquinha, douradinha, douradinho och thalia.

Namnet tália kommer troligtvis från det portugisiska ordet för Italien, Itália, eftersom tália har sitt ursprung där.

Ursprung i Italien

Tália uppkom för länge sedan i Toscana i Italien genom en naturlig korsning mellan två ännu okända föräldrar. Därifrån spred den sig tidigt till de flesta länder kring Medelhavet. Skriftliga omnämnanden från tidigt 1500-tal finns i både Italien och Frankrike.

Odlas i Tejo

Tejoregionen är det huvudsakliga odlingsområdet för tália. Den totala odlingsytan i Portugal är liten, och trenden är att den minskar ytterligare. Utanför Portugal är de länder som odlar mest (i fallande ordning) Frankrike, där den kallas *ugni blanc*, och hemlandet Italien, där den kallas *trebbiano*.

Mycket hög avkastning

Tálias stora, tunga klasar ger mycket hög avkastning. Vinrankorna är känsliga för stark vind, vinbladsmögel och röta i veden.

TAMAREZ
SPÄR UT DRUVBLANDNINGAR

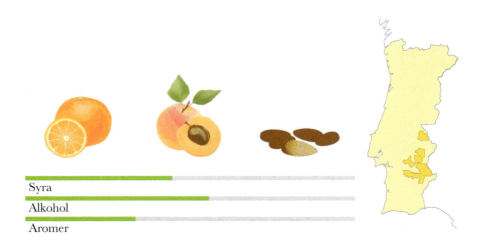

- **Vintyper:** vitt.
- **Vinaromer:** svaga som liknar mandarin, apelsin, aprikos, russin, mandel och örter.
- **Synonymer:** arinto gordo, boal da figueira, boal prior, camarate, folha de figueira, malvasia, *molinha*, molinho do vau, roupeiro, santo estevao, tamares och tamarez branco.

Jag har aldrig stött på tamarez som endruvsvin, utan den ingår alltid i druvblandningar eller så destillerar man den till sprit.

Ursprung i Alentejo

Tamarez uppkom i Alentejoregionen genom en naturlig korsning mellan två ännu okända föräldrar. I skrift nämndes den första gången år 1712, men den är troligtvis betydligt äldre än så.

Odlas i Alentejo

Alentejoregionen är det huvudsakliga odlingsområdet för tamarez, men man odlar den även relativt mycket i Tejo-, Lisboa- och Douroregionerna. Den totala odlingsytan i Portugal är liten, och trenden är att den minskar ytterligare.

Täta klasar ger hög avkastning

Tamarez har täta klasar som väger mycket och därmed ger hög avkastning. Druvsorten är känslig för gråmögel.

TINTA CAIADA
SPANSKA PARRALETA

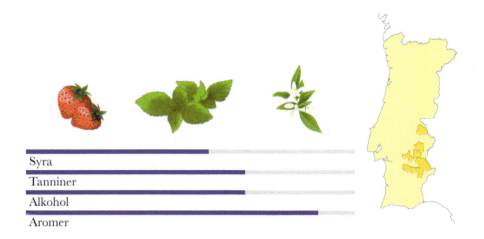

- **Vintyper:** rött och rosé.
- **Vinaromer:** kraftiga till mycket kraftiga som liknar jordgubbe, svarta vinbär, mullbär, salvia, mynta, viol, lavendel och apelsinblom.
- **Synonymer:** *bonvedro*, bomvedro, lambrusco de alentejo, monvedro, monvedro do algarve, monvedro de sines, monvedro tinto, olho branco, *pau ferro*, perrel, preto foz, preto joão mendes, tinta grossa, *tinta lameira*, tintorro och torres de algarve.

Trots att de inte är en och samma blandar många ihop tinta caiada med druvsorten monvedro, eftersom tinta caiada också går under synonymen monvedro och dess olika varianter. Druvsorten som heter monvedro är dock en egen sort som odlas i mycket liten omfattning i Beira Interior-regionen.

Ursprung i nordöstra Spanien

Tinta caiada uppkom i nordöstra Spanien genom en naturlig korsning mellan två ännu okända föräldrar. Där nämndes den i skrift för första gången år 1765.

Odlas i Alentejo

Alentejoregionen är det huvudsakliga odlingsområdet för tinta caiada. Den totala odlingsytan i Portugal är liten, och trenden är att den minskar ytterligare. Utanför Portugal odlar man denna druvsort i huvudsak i hemlandet Spanien, under namnet *parraleta*, men mindre odlingar finns runt hela Medelhavet.

Känslig för gråmögel

Tinta caiadas druvor sitter i täta klasar, vilket gör dem känsliga för gråmögel. Druvsorten föredrar därför ett varmt och torrt klimat.

Rekommenderade viner

Från Alentejoregionen:

- Comenda Grande Tinta Caiada (Monte da Comenda Grande)
- Tinta Caiada Espumante Rosé Bruto Natural (Herdade dos Arrochais)
- Vinha d'Ervideira Tinta Caiada Vinho Licoroso (Ervideira).

TINTA DA BARCA
ÄLSKAR MYCKET VÄRME

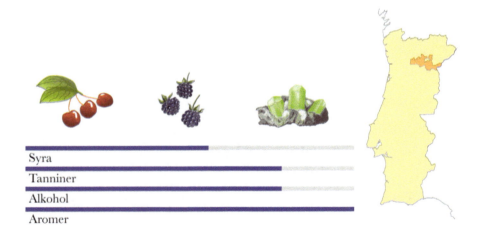

- **Vintyper:** rött.
- **Vinaromer:** mycket kraftiga som liknar jordgubbe, hallon, körsbär, röda och svarta vinbär, björnbär, cistros, kanel och mineral.
- **Synonymer:** barca och tinta barca.

Ursprung i Douro

Tinta da barca uppkom i Douroregionen genom en naturlig korsning mellan touriga nacional från Dão och marufo från Iberiska halvön. Detta betyder att tinta da barca är syskon till touriga franca och tinta barroca från Douroregionen.

Odlas i Douro

Douroregionen, särskilt delregionen Douro Superior, är det huvudsakliga odlingsområdet för tinta da barca, men man odlar också relativt mycket i Trás-os-Montes-regionen. Den totala odlingsytan i Portugal är liten, och trenden är att den minskar ytterligare.

Känslig för vårfrost

Tinta da barca har täta och tunga klasar som ger hög avkastning. Vinrankan knoppar tidigt och kan därför vara känslig för vårfrost, men den är väl anpassad till mycket varma områden.

Rekommenderade viner

Från Douroregionen:

- Ramos Pinto Tinta da Barca (Ramos Pinto).

TINTA FRANCISCA
PINOT NOIR-LIK

- **Vintyper:** rött och starkvin.
- **Vinaromer:** medelkraftiga som liknar körsbär, hallon, jordgubbe, katrinplommon, dadel, svartpeppar, svamp och rök.
- **Synonymer:** tinta de frança, tinta francesca och tinta franceza.

I två skilda historier påstås det att tinta francisca skulle vara pinot noir som tagits med från Bourgogne; i den ena historien skedde det på 1000-talet och i den andra på 1700-talet. DNA-analyser har dock bestämt avfärdat detta – inget franskt påbrå finns, trots namnet som ungefär betyder röd fransyska.

Ursprung i Douro

Tinta francisca uppkom i Douroregionen genom en naturlig korsning mellan två ännu okända föräldrar. Nära släktskap med flera andra druvsorter från Douroregionen finns dock.

Odlas i Douro

Douroregionen, särskilt delregionen Douro Superior, är det huvudsakliga odlingsområdet för tinta francisca. Den totala odlingsytan i Portugal är liten, men trenden är att den ökar.

Lågavkastande och gillar sol och värme

Tinta franciscas små, lätta druvklasar ger en låg och oregelbunden avkastning, vilket har gjort tinta francisca impopulär hos vinodlare. Druvorna har tunt skal och mognar sent, vilket gör dem känsliga för mjöldagg och gråmögel. Varma och soliga platser passar därför denna druvsort bäst.

Rekommenderade viner

Från Douroregionen:

- Carvalhas Tinta Francisca (Real Companhia Velha)
- Muxagat Tinta Francisca (Muxagat Vinhos)
- Uivo Tinta Francisca (Folias de Baco).

TINTA MIÚDA
FÖREDRAR VARMT OCH TORRT KLIMAT

- **Vintyper:** rött.
- **Vinaromer:** mycket kraftiga som liknar röda vinbär, svarta körsbär, lakrits, viol, mynta, peppar och bläck.
- **Synonymer:** tinta do padre antónio.

Tinta miúda betyder ungefär röd flicka. Flicka syftar här troligtvis på att något är litet, vilket tinta miúdas druvor är.

Ursprung i Spanien

Tinta miúda är en mycket gammal druvsort som uppkom i nordöstra Spanien genom en naturlig korsning mellan två ännu okända föräldrar.

Odlas i Lisboa

Lisboaregionen är det huvudsakliga odlingsområdet för tinta miúda. Den totala odlingsytan i Portugal är liten, och trenden är att den minskar ytterligare. Utanför Portugal odlar man denna druvsort i huvudsak i hemlandet Spanien, under namnet *graciano*.

Bättre i torrt och varmt klimat

Tinta miúda ger små, tunnskaliga druvor som sitter i täta klasar och mognar sent, vilket gör dem känsliga för gråmögel. Vinrankan är också känslig för vinbladsmögel. Druvsorten borde passa bättre att odla i ett torrare och varmare klimat än Lisboaregionens.

Rekommenderade viner

Från Lisboaregionen:

- Monte Bluna Tinta Miúda (Monte Bluna).

TINTA NEGRA
MYCKET STOR NAMNFÖRVIRRING

- **Vintyper:** starkvin, rött och vitt.
- **Vinaromer:** medelkraftiga som liknar grapefrukt, tranbär, svarta vinbär, smultron, hallon, äpple, plommon, nätmelon, lakrits, mandel, hö, tobak, timjan, mynta, jasminblom och mineral.
- **Synonymer:** molar, saborinho, tinta de madeira och tinta negra mole.

Tinta negra hette molar i Lisboaregionen, men när den anlände till Madeira på 1700-talet så kallade man den där bara för tinta ("röd"), eftersom alla andra druvsorter på Madeira var gröna. I början av 1800-talet valde man att förlänga namnet till tinta negra mole ("röd svart mjuk"), för att år 2000 förkorta det till tinta negra ("röd svart").

Eftersom Algarveregionen har en inhemsk druvsort som heter negra mole, har namnförvirringen blivit stor. Det är viktigt att hålla isär tinta negra och negra mole – de är helt enkelt inte samma druvsort.

Tinta negra är inte heller samma druvsort som den spanska sorten negramoll eller mollar, vilket många påstår. DNA-analyser från 2020 motsäger detta påstående.

Ursprung i Lisboa

Tinta negra uppkom i Lisboaregionen genom en naturlig korsning mellan prieto picudo från nordvästra Spanien och savagnin från nordöstra Frankrike. Från Lisboaregionen spred den sig till Madeira på 1700-talet. Tillsammans med verdejo serrano från västra Spanien är tinta negra förälder till rufete från Beira Interior-regionen.

Odlas på Madeira

Madeira är det huvudsakliga odlingsområdet för tinta negra, men mindre odlingar förekommer på Azorerna. Den totala odlingsytan i Portugal är liten, men trenden är att den ökar.

Produktiv och lättodlad

Efter vinlusens härjningar i slutet av 1800-talet, ökade odlingsytan för denna produktiva och lättodlade druvsort enormt mycket. På 1990-talet ökade den ännu en gång, eftersom man då planterade den för att ersätta amerikanska druvsorter som var olämpliga för vinodling.

Rekommenderade viner

Vanligt vin från Madeira:

- Atlantis Tinta Negra (The Madeira Wine Company)
- Ilha Blanc de Noirs (Diana Silva Wines)
- Ilha Tinta Negra Tinto (Diana Silva Wines).

Starkvin från Madeira:

- Barbeito Single Harvest Tinta Negra (Barbeito)
- Justino's Tinta Negra Colheita (Justino's).

Från Azorerna:

- Sabor(z)inho by António Maçanita (Azores Wine Company).

TINTO CÃO
MOGNAR SENT ELLER INTE ALLS

- **Vintyper:** rött, starkvin, mousserande och rosé.
- **Vinaromer:** kraftiga som liknar jordgubbe, hallon, körsbär, svarta vinbär, mullbär, viol, cistros, hibiskus, svartpeppar och kanel.
- **Synonymer:** farmento, tinta cam, tinta cão och tinto cam.

Tinto cão betyder röd hund, men anledningen till namnet är osäker. Vissa påstår att det beror på att hundar ratar den syrliga och ofta omogna druvan, men detta är inte en särskilt trolig förklaring.

Ursprung i Douro eller Dão

Tinto cão är en mycket gammal druvsort som uppkom i Douro- eller Dãoregionen genom en naturlig korsning mellan två ännu okända föräldrar. I skrifter nämndes den redan på 1600-talet, och vissa forskare anser att det är en av de äldsta druvsorterna i Portugal.

Odlas i Douro

Douroregionen är det huvudsakliga odlingsområdet för tinto cão. Den totala odlingsytan i Portugal är liten, och trenden är att den kommer att fortsätta att vara det.

Svårmogen och impopulär

I varma och soliga lägen mognar tinto cãos druvor mycket sent. I svala odlingslägen mognar de aldrig riktigt helt och vinerna blir därför bleka och örtiga i stilen. Kombinationen av den naturligt låga avkastningen och känsligheten för vinrankslövhoppare och torka har lett till att druvsorten har varit impopulär hos vinodlarna.

Efter vinlusens härjningar i slutet av 1800-talet var tinto cão nästan utrotad. Vändpunkten kom på 1980-talet, eftersom flera forskningsprojekt under 1970-talet utnämnde druvsorten till en av de mest kvalitativa druvsorterna i Douroregionen.

Rekommenderade viner

Från Douroregionen:

- Cão Danado Tinto Cão (Quinta do Pessegueiro)
- Quinta da Boavista Tinto Cão (Quinta da Boavista)
- Quinta da Romaneira Tinto Cão (Quinta da Romaneira)
- Quinta do Pessegueiro Tinto Cão (Quinta do Pessegueiro).

TRINCADEIRA DAS PRATAS
UNDERSKATTAD

- **Vintyper:** vitt.
- **Vinaromer:** kraftiga som liknar citron, lime, grönt äpple, päron, persika, honungsmelon, papaya, apelsinblom, jasminblom, ros, färska örter och mineral.
- **Synonymer:** arinto gordo, boal prior och tamarez.

Ursprung i Tejo

Trincadeira das pratas uppkom i Tejoregionen genom en naturlig korsning mellan alfrocheiro från Dãoregionen och hebén från södra Spanien. I dokument nämndes trincadeira das pratas för första gången år 1822.

Odlas i Tejo

Tejoregionen är det huvudsakliga odlingsområdet för trincadeira das pratas. Den totala odlingsytan i Portugal är liten, och trenden är att den minskar ytterligare.

Blir lätt russin

Druvorna mognar tidigt och är känsliga för intensiv sol och värme, som snabbt kan förvandla dem till russin. Dessutom är de känsliga för gråmögel och omtyckta av fåglar.

Rekommenderade viner

Från Alentejoregionen:

- Chão dos Eremitas Trincadeira das Pratas Vinhas Velhas (Fitapreta Vinhos).

VERDELHO
FINA MADEIROR

- **Vintyper:** starkvin och vitt.
- **Vinaromer:** kraftiga som liknar grapefrukt, lime, persika, honungsmelon, passionsfrukt, mandarin, papaya, mango, syren, jasminblom och mineral.
- **Synonymer:** arinto da terceira, verdelho branco, verdelho branco dos açores, verdelho da madeira, verdelho dos açores och verdelho pico.

Ursprung i Portugal

Verdelho uppkom någonstans i Portugal genom en naturlig korsning mellan savagnin från nordöstra Frankrike och en ännu okänd förälder. Tillsammans med bastardo från Jura i Frankrike är verdelho förälder till terrantez do pico från Azorerna.

Verdelho roxo är en färgmutation av verdelho och inte en egen sort.

Odlas på Madeira, Azorerna och i Alentejo

Madeira, Azorerna och Alentejoregionen är de huvudsakliga odlingsområdena för verdelho. Den totala odlingsytan i Portugal är liten, men trenden är att den ökar. Utanför Portugal odlar man denna druvsort i huvudsak i Australien.

Känslig för mögel och misslyckad blomning

Verdelhos druvor mognar tidigt, men trots det är de känsliga för mjöldagg och gråmögel. Vinrankan är också känslig för vinbladsmögel, och det händer att blomningen misslyckas.

Rekommenderade viner

Starkvin från Madeira:

- Justino's Verdelho Colheita (Justino's)
- Verdelho 15 years old (Henriques & Henriques)
- Verdelho Single Harvest (Cossart Gordon).

Vitt från Madeira:

- Colombo Verdelho (Justino's)
- Ilha Verdelho (Diana Silva Wines).

Vitt från Azorerna:

- Magma Verdelho (Anselmo Mendes)
- Muros de Magma (Anselmo Mendes)
- Verdelho o Original (Azores Wine Company).

Vitt från Alentejoregionen:

- Esporão Verdelho (Herdade do Esporão)
- Maria Teresa Laureano Verdelho (Paulo Laureano)
- Scala Coeli Verdelho (Cartuxa, Fundação Eugénio de Almeida).

UTROTNINGSHOTADE SORTER

Elva gröna och fyra blå druvsorter har jag kategoriserat som *utrotningshotade sorter*. Denna kategori skulle kunna bli mycket stor, men jag har valt ut de mest kända och intressanta druvsorterna. De sorter som nämns i detta kapitel odlas oftast bara i ett fåtal regioner i landet och täcker tillsammans cirka 0,16 procent av Portugals totala vinodlingsyta.

ARINTO DOS AÇORES
INTE VANLIG ARINTO

- **Vintyper:** vitt.
- **Vinaromer:** medelkraftiga som liknar grapefrukt, lime, grönt äpple, guava, mango, gräs, tryffel och mineral.
- **Synonymer:** arinto do pico, terrantez, terrantes da terceira och *terrantez da terceira*.

Arinto dos açores misstas ofta för vanlig arinto, som finns på portugisiska fastlandet, men de är inte samma druvsort.

Ursprung på Azorerna

Arinto dos açores uppkom på Azorerna genom en naturlig korsning mellan två ännu okända föräldrar.

Odlas på Azorerna

Azorerna är det enda odlingsområdet för arinto dos açores. Den totala odlingsytan i Portugal är mycket liten, och trenden är att den minskar ytterligare.

Rekommenderade viner

Från Azorerna:

- Arinto dos Açores Indígenas by António Maçanita (Azores Wine Company)
- Arinto dos Açores Sur Lies by António Maçanita (Azores Wine Company)
- Canada do Monte (Azores Wine Company)
- Terroir Vulcânico Arinto dos Açores (Cooperativa Vitivinícola Ilha do Pico).

BARCELO
HÖGKVALITATIV MEN SVÅRODLAD

- **Vintyper:** vitt.
- **Vinaromer:** medelkraftiga till kraftiga som liknar citron, ros och mineral.
- **Synonymer:** barcello och barcelos.

Vid mitten av 1900-talet ansåg man att barcelo var Dãos bästa gröna druvsort. Fram till år 1953 var det krav på att minst 20 procent av varje vinodlares gröna druvsorter utgjordes av barcelo.

Framtagen i Portugal

Barcelo uppkom i mitten av 1900-talet på den nationella agronomiska forskningsstationen väster om Lissabon genom att José Leão Ferreira de Almeida korsade azal med amaral, båda från Vinho Verde-regionen.

Odlas i Dão

Dãoregionen är det huvudsakliga odlingsområdet för barcelo. Den totala odlingsytan i Portugal är mycket liten, och trenden är att den kommer att fortsätta att vara det.

Relativt svårodlad

Barcelos druvor är känsliga för gråmögel och vinrankan misslyckas lätt med blomningen. Kanske kan dessa svårigheter vara anledningen till att druvsortens popularitet har minskat.

Rekommenderade viner

Från Dãoregionen:

- Quinta das Maias Barcelo (Faldas da Serra).

CARACOL
BARA PÅ PORTO SANTO

- **Vintyper:** vitt.
- **Vinaromer:** medelkraftiga som liknar citron, apelsin, grönt äpple, grön paprika, krut, jod och salt.
- **Synonymer:** olho de pargo och uva das eiras.

Caracol betyder snigel och är smeknamnet på den första kända vinproducenten (José da Silva) som odlade denna druvsort.

Kom till Porto Santo på 1930-talet

En portugisisk emigrant som skulle till Sydafrika gav denna druvsort till vinproducenten José da Silva på 1930-talet, och han planterade den på ön Porto Santo vid Eiras.

Odlas på Porto Santo

Ön Porto Santo, som ligger i Madeiras ögrupp, är det huvudsakliga odlingsområdet för caracol. Den totala odlingsytan i Portugal är mycket liten, men trenden är att den ökar.

DONZELINHO TINTO
GAMMAL SORT I DOURO

- **Vintyper:** rött.
- **Vinaromer:** medelkraftiga som liknar röda vinbär, jordgubbe, hallon, plommon, svartpeppar, mynta och jasminblom.
- **Synonymer:** donzelinho do castello, donzelynho och tinta do minho.

Ursprung i Douro

Donzelinho tinto uppkom i Douroregionen genom en naturlig korsning mellan gouveio från nordvästra Spanien och cainho da terra från Portugal. Detta betyder att donzelinho tinto är syskon till donzelinho branco. I skrift nämndes donzelinho tinto för första gången redan år 1531.

Odlas i Douro

Douroregionen är det huvudsakliga odlingsområdet för donzelinho tinto. Den totala odlingsytan i Portugal är mycket liten, och trenden är att den minskar ytterligare.

Motstår mjöldagg

Trots tunna skal och täta druvklasar, motstår denna druvsort mjöldagg bra.

Rekommenderade viner

Från Douroregionen:

- Boa-Vista Donzelinho Tinto 2016 (Sogevinius Fine Wines).

GALEGO DOURADO
HÖGKVALITATIV MEN LÅGAVKASTANDE

- **Vintyper:** vitt och starkvin.
- **Vinaromer:** kraftiga som liknar grapefrukt, äpple, persika, papaya och mineral.
- **Synonymer:** dourada, dourado, galego, gallego, gallego dourado, moscato galego dourado och olho de lebre.

Ursprung i Lisboa

Galego dourado är en mycket gammal sort som uppkom i Lisboaregionen, troligtvis i delregionen Carcavelos, genom en naturlig korsning mellan två ännu okända föräldrar.

Odlas i Lisboa och Península de Setúbal

Península de Setúbal-regionen och Lisboaregionen, särskilt delregionen Carcavelos, är de huvudsakliga odlingsområdena för galego dourado. Den totala odlingsytan i Portugal är mycket liten, och trenden är att den kommer att fortsätta att vara det.

Känslig för mögel och misslyckad blomning

De täta druvklasarna är känsliga för gråmögel och mjöldagg. Vinrankan får sina knoppar och blommor tidigt och det är därför inte helt ovanligt att blomningen misslyckas eller att vinrankan råkar ut för vinbladsmögel. Avkastningen är låg.

Rekommenderade viner

Från Lisboaregionen:

- Quinta da Bela Vista Carcavelos (Companhia Agrícola do Sanguinhal).

Från Península de Setúbal-regionen:

- Partage Galego Dourado (Herdade do Portocarro).

Från Alentejoregionen:

- Maestro Galego Dourado (Adega Mayor).

JAMPAL
OREGELBUNDEN AVKASTNING

- **Vintyper:** vitt.
- **Vinaromer:** kraftiga som liknar grapefrukt, lime, krusbär, aprikos, guava, lindblom, apelsinblom och mineral.
- **Synonymer:** cercial, jampaulo, joão paolo och pinheira branca.

Ursprung i Lisboa

Jampal uppkom i Lisboaregionen, i eller runt delregionen Colares, genom en naturlig korsning mellan alfrocheiro från Dão och mourisco branco från sydvästra Iberiska halvön. Därmed är den syskon till camarate, casculho, castelão, cornifesto, malvasia preta, moreto och tinta gorda.

Odlas i Lisboa och Tejo

Lisboa- och Tejoregionen är de huvudsakliga odlingsområdena för jampal. Den totala odlingsytan i Portugal är mycket liten, och trenden är att den minskar ytterligare.

Blomningen misslyckas ofta

Vinrankans blomning misslyckas ofta och avkastningen är därför oregelbunden. Druvorna, som sitter i täta klasar, mognar relativt sent och är därför känsliga för mjöldagg och gråmögel.

Rekommenderade viner

Från Lisboaregionen:

- Dona Fátima Jampal (Manzwine).

MALVASIA CÂNDIDA
HISTORISK MADEIRA MALMSEY

- **Vintyper:** starkvin.
- **Vinaromer:** kraftiga som liknar grapefrukt, kvitten, persika, aprikos, honung, blommor och mineral.
- **Synonymer:** malmsey.

Malvasia cândida har använts för att framställa madeiratypen malmsey eller malvasia, som är den sötaste typen av madeira. Men idag får den dock spela andrafiol till malvasia de são jorge som är den stora druvsorten för framställning av malmsey eller malvasia.

Ursprung i Grekland

Malvasia cândida är en mycket gammal sort som uppkom i Grekland genom en naturlig korsning mellan två ännu okända föräldrar.

Sjöfarare tog med sig malvasia cândida från Kreta (Candia) till Madeira på 1400-talet. Under andra halvan av 1800-talet slogs det mesta av druvsorten ut av mjöldagg och vinlusen som härjade då. Tyvärr återplanterades inte särskilt mycket, och i mitten av 1900-talet var druvsorten nästan helt utrotad. Idag finns bara fyra hektar kvar på Madeira.

Odlas på Madeira

Madeira är det huvudsakliga odlingsområdet för malvasia cândida. Den totala odlingsytan i Portugal är mycket liten, men trenden är att den ökar något. Utanför Portugal odlar man malvasia cândida i hela västra Medelhavsområdet och på Kanarieöarna, bland annat under namnet *malvasia di lipari*.

Malvasia cândida roxa är en färgmutation som även den odlas på Madeira.

Mycket känslig för mjöldagg

Druvorna mognar sent och är mycket känsliga för mjöldagg, därför är en varm och solig odlingsplats bäst.

MALVASIA DE COLARES
NÄSTAN BARA I COLARES

- **Vintyper:** vitt.
- **Vinaromer:** kraftiga som liknar grapefrukt, papaya, äppelmos, blommor, hö, nötter, bivax, honung, mineral och salt.
- **Synonymer:** malvasia.

Malvasia de colares har inget som helst släktskap med övriga druvsorter som bär namnet malvasia, men myndigheterna klumpar ändå ihop den med andra så kallade malvasia-druvsorter. Därför finns tyvärr ingen bra statistik om malvasia de colares.

Ursprung i Lisboa

Malvasia de colares uppkom i Colares, en delregion i Lisboaregionen, genom en naturlig korsning mellan amaral från Vinho Verde-regionen och hebén från södra Spanien.

Odlas i Lisboa

Lisboaregionen, särskilt delregionen Colares, är det huvudsakliga odlingsområdet för malvasia de colares. Den totala odlingsytan i Portugal är mycket liten.

Bränns lätt av solen

De luftiga klasarna bidrar till att druvorna tål hög luftfuktighet. Druvorna mognar sent och bränner sig lätt i solen, därför är det viktigt med ett skyddande bladverk.

Rekommenderade viner

Från Lisboaregionen:

- Arenae Malvasia (Adega Regional de Colares)
- Monte Cascas Colares Malvasia (Casca Wines).

RAMISCO
ODÖDLIG

- **Vintyper:** rött.
- **Vinaromer:** kraftiga som liknar hallon, svarta vinbär, körsbär, färskt kött, svamp, tryffel, jord, kåda, ceder och viol.
- **Synonymer:** ramisco de colares och ramisco nos açores.

Ursprung i Lisboa

Ramisco uppkom i Colares, en delregion i Lisboaregionen, genom en naturlig korsning mellan två ännu okända föräldrar.

Odlas i Lisboa

Lisboaregionen, särskilt delregionen Colares, är det huvudsakliga odlingsområdet för ramisco. Den totala odlingsytan i Portugal är mycket liten, men trenden är att den ökar.

Svårodlad i sand

Colares har djupa sandjordar, så för att vinrankorna ska överleva måste rötterna nå den underliggande lerjorden som finns fyra till åtta meter ner. Att etablera en vinodling här är därför både svårt och farligt. Det har hänt att sanden rasat in i det djupa hålet och kvävt den som grävt det.

Sandjorden ger naturligt låg avkastning, men också ett skydd mot vinlöss. De kan nämligen inte ta sig fram i sand och överlever därmed inte. Vinrankorna kan därför planteras oympade, på sina egna rötter.

Druvorna är små, har tjockt skal och mognar sent, vilket gör att de naturligt får mycket tanniner och kräver mycket lång lagring för att mjukna.

Rekommenderade viner

Från Lisboaregionen:

- Arenae Ramisco (Adega Regional de Colares)
- Casal Sta. Maria Ramisco de Colares (Casal Santa Maria)
- Chitas Colares (Adega Beira Mar)
- Monte Cascas Colares Ramisco (Casca Wines)
- Quinta de Sant'Ana Ramisco (Quinta de Sant'Ana do Gradil).

SERCIALINHO
SYRABOMB

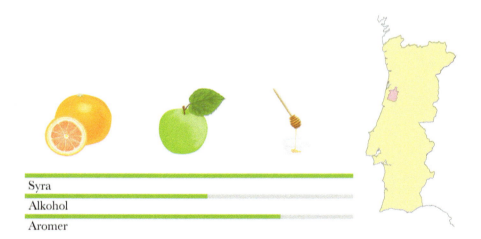

- **Vintyper:** vitt.
- **Vinaromer:** kraftiga som liknar grapefrukt, grönt äpple, päron, kvitten, honung, tallkåda, petroleum och mineral.
- **Synonymer:** cercealinho och sercealinho.

Framtagen i Portugal

Sercialinho uppkom i mitten av 1900-talet på den nationella agronomiska forskningsstationen väster om Lissabon genom att José Leão Ferreira de

Almeida korsade uva cão från Dãoregionen med vital från Lisboaregionen. Detta betyder att sercialinho är syskon till malvasia de são jorge.

Odlas i Bairrada

Bairradaregionen är det huvudsakliga odlingsområdet för sercialinho. Den totala odlingsytan i Portugal är mycket liten, och trenden är att den minskar ytterligare.

Rekommenderade viner

Från Bairradaregionen:

- Luís Pato Sercialinho (Luís Pato)
- Série Ímpar Sercialinho (Sogrape Vinhos).

TERRANTEZ
BARA PÅ MADEIRA

- **Vintyper:** starkvin.
- **Vinaromer:** kraftiga som liknar citron, apelsin, russin, valnöt, hasselnöt, mandel, muskotnöt, kola, choklad och kaffe.
- **Synonymer:** terrantez da madeira.

Terrantez påstås ofta vara densamma som folgasão eller terrantez från Dão eller på Azorerna, men inget av detta stämmer. Denna druvsort odlas bara på Madeira.

Ursprung okänt

Terrantez är en gammal druvsort med okänt ursprung. På 1700- och tidigt 1800-tal fanns rätt stora vinodlingar med terrantez på Madeira, eftersom den var öns högst skattade druvsort. Under andra halvan av 1800-talet slogs de flesta vinodlingar ut av mjöldagg och vinlusens härjningar, och tyvärr återplanterades inte särskilt mycket. På 1920-talet lär det bara ha funnits en mindre vinodling på ön Porto Santo, men en liten återhämtning har nu skett – dock till en väldigt låg nivå.

Odlas på Madeira

Madeira är terrantez enda odlingsområde. Den totala odlingsytan i Portugal är mycket liten, men trenden är att den ökar något.

Mycket svårodlad

De små druvorna har mycket tunt skal, sitter i täta klasar och mognar sent, vilket gör dem mycket känsliga för mjöldagg och gråmögel. I övrigt är dock druvsorten motståndskraftig mot sjukdom och skadedjur, men avkastningen är extremt låg och oregelbunden.

TERRANTEZ DO PICO
UNIK FÖR AZORERNA

- **Vintyper:** vitt.
- **Vinaromer:** medelkraftiga till kraftiga som liknar grapefrukt, lime, gula plommon, persika, petroleum, rök och mineral.
- **Synonymer:** terrantes do pico och terrantez.

Ursprung på Azorerna

Terrantez do pico uppkom på ön Pico i Azorerna genom en naturlig korsning mellan verdelho från Portugal och bastardo från Jura i Frankrike.

Odlas på Azorerna

Azorerna är det enda odlingsområdet för terrantez do pico. Den totala odlingsytan i Portugal är mycket liten, men trenden är att den ökar något.

Bäst i svalt klimat

Druvorna mognar tidigt och behöver ett svalt klimat för att alkoholhalten inte ska bli för hög och syran för låg.

Rekommenderade viner

Från Azorerna:

- A Cerca dos Frades Terrantez do Pico (Tito's Adega).
- Terrantez do Pico by António Maçanita (Azores Wine Company).
- Terroir Vulcânico Terrantez do Pico (Cooperativa Vitivinícola Ilha do Pico).

TINTA GROSSA
ALENTEJOSPECIALITET

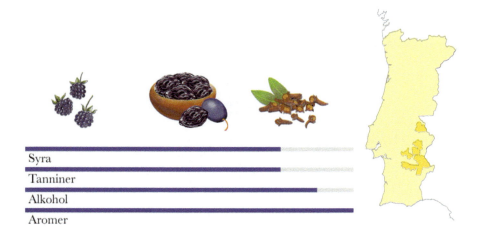

- **Vintyper:** rött.
- **Vinaromer:** mycket kraftiga som liknar körsbär, björnbär, mullbär, katrinplommon, dadel, fikon, grön paprika, svartpeppar, kardemumma, kryddnejlika, kryddpeppar, viol och ros.
- **Synonymer:** carrega tinto, grossa och tinta grossa d'alentejo.

Ursprung i Alentejo

Tinta grossa uppkom i Alentejoregionen genom en naturlig korsning mellan alfrocheiro från Dão och hebén från södra Spanien. Tillsammans med marufo från Iberiska halvön är tinta grossa förälder till preto martinho från nordöstra Portugal.

Odlas i Alentejo

Alentejoregionen, särskilt delregionen Vidigueira, är det huvudsakliga odlingsområdet för tinta grossa. Den totala odlingsytan i Portugal är mycket liten, och trenden är att den minskar ytterligare.

Druvorna mognar sent

De små, tjockskaliga druvorna sitter i små klasar och mognar sent.

Rekommenderade viner

Från Alentejoregionen:

- Mestre Daniel Talha XV Tinta Grossa (Aconchego da Aldeia).
- Selectio Tinta Grossa (Paulo Laureano).

TOURIGA FÊMEA
HÖGKVALITATIV DOUROSORT

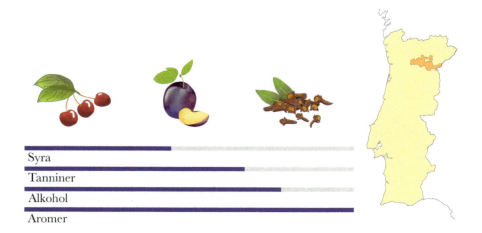

- **Vintyper:** rött.
- **Vinaromer:** mycket kraftiga som liknar jordgubbe, körsbär, röda och svarta vinbär, björnbär, plommon, fikon, mandel, hasselnöt och kryddnejlika.
- **Synonymer:** tinta coimbra, touriga brasileira och tourigo fêmea.

Ursprung i Douro

Touriga fêmea uppkom i Douroregionen genom en naturlig korsning mellan malvasia fina från Douroregionen och touriga nacional från Dãoregionen.

Odlas i Douro

Douroregionen är det huvudsakliga odlingsområdet för touriga fêmea. Den totala odlingsytan i Portugal är mycket liten, och trenden är att den minskar ytterligare.

Lågavkastande

Touriga fêmea ger små, tjockskaliga druvor som sitter i små, täta klasar. Sorten ger låg avkastning.

Rekommenderade viner

Från Douroregionen:

- Casa Ferreirinha Touriga Fêmea (Sogrape Vinhos).

UVA CÃO
NÄSTAN HELT UTROTAD

- **Vintyper:** vitt.
- **Vinaromer:** medelkraftiga som liknar grapefrukt, lime, persika, blommor och mineral.
- **Synonymer:** cachorrinho.

Uva cão finns endast kvar i enstaka gamla vinodlingar på Estrelaberget (Serra da Estrela). Dess namn betyder bokstavligen hunddruva, men betydelsen är snarare "druvan som vaktar odlingen". Detta är en träffande beskrivning, eftersom druvsorten ofta brukade planteras vid ingångar till vinodlingar, just i syfte att skydda odlingen. Syrahalten är nämligen så hög att den avskräcker alla som försöker äta den.

Ursprung i Dão

Uva cão uppkom i Dãoregionen genom en naturlig korsning mellan två ännu okända föräldrar. Tillsammans med vital från Lisboaregionen är uva cão förälder till malvasia de são jorge och sercialinho.

Odlas i Dão

Dãoregionen är det huvudsakliga odlingsområdet för uva cão. Den totala odlingsytan i Portugal är mycket liten, och trenden är att den minskar ytterligare.

Mottaglig för gråmögel

Druvorna mognar sent och angrips därför lätt av gråmögel. Detta i kombination med dess låga avkastning gör uva cão impopulär.

Rekommenderade viner

Från Dãoregionen:

- O Fugitivo Uva-Cão (Casa da Passarella).

FRAMTIDEN SER LJUS UT

Vinodlingarna både internationellt och i Portugal går mot en allt högre koncentration av ett fåtal druvsorter. Denna trend har pågått länge. I Portugal står idag de sju mest betydelsefulla druvsorterna för drygt en tredjedel av vinodlingarna. Som tur är odlar dock portugiserna fortfarande ungefär hälften av sina drygt 250 inhemska druvsorter kommersiellt, och den andra hälften håller man vid liv på landets forskningsanläggningar.

Internationellt är majoriteten av de portugisiska druvsorterna fortfarande okända, och även i Portugal känner de flesta bara till ett fåtal. Det finns dock ett stort antal sorter, vissa nästan utrotade, som har stor potential för att skapa kvalitetsviner. De som odlas i liten skala är oftast svårodlade eller så passar de inte in i de vintrender som råder just nu. Genom forskning är jag dock övertygad om att svårodlade men kvalitativa druvsorter kommer att bli enklare att odla. Och genom att fler kvalitetsmedvetna vinproducenter provar på att göra vin på dessa sorter, kommer fler att få upp ögonen för vilka spännande viner som går att göra.

Klimatförändringarna kommer också att påverka vilka druvsorter som odlas, både nationellt och internationellt. Kanske kommer inhemska sorter som inte ens odlas kommersiellt idag att visa sig vara de bästa druvsorterna i ett framtida varmare klimat. Klimatförändringarna har hur som helst redan lett till att det är svårare att odla traditionella druvsorter i många vinregioner i världen, och i dessa regioner efterfrågas nu druvsorter som klarar ett varmare och torrare klimat. Många har vänt sig till Portugal och de portugisiska druvsorterna, som därmed har gått på export. Bland annat får man numera odla touriga nacional i Bordeaux i Frankrike. Och ju mer påtagliga klimatförändringarna blir, desto större lär efterfrågan på portugisiska druvsorter bli. Detta kommer ofrånkomligen att leda till att de portugisiska druvsorterna blir alltmer kända – och förhoppningsvis uppskattade – i hela världen.

Jag tror att de portugisiska druvsorterna kommer att spela en viktig roll i den globala vinnäringen i framtiden, så att de glömda druvorna får sin revansch och rättmätiga plats i framtidens viner.

TACK

Först av allt vill jag tacka tre personer som hjälpt mig med olika delar i produktionen av denna bok. **Hanna Johansson**, tack för att du hjälpte mig med ovärderliga tips inför mitt skrivande, vilket underlättade skriv- och redigeringsprocessen oerhört mycket. Jag vill också tacka dig för allt jobb du lagt på att språkgranska och korrekturläsa mitt färdiga manus. **Daniel Brandt**, tack för att du hjälpte mig att ta fram ett snyggt och passande bokomslag. **Mette Korsmoe Koverberg**, tack för att du ritade alla illustrationer i boken.

Sedan vill jag tacka mina vänner på kontorshotellet jag sitter på, för att ni stöttat mig på olika sätt. **Martin Holtz**, tack för alla kloka ord, idéer och uppmuntran du gett mig de senaste två åren. Tänk att jag hade turen att ha en annan författare som dig i min direkta närhet på kontoret. Du är den enda i min omgivning som verkligen förstått vad jag går igenom. **Fredrik Liljedahl**, tack för alla uppmuntrande ord och trevliga stunder på kontoret de senaste åren. Våra snack har lättat upp vardagen och fått mig på humör att kämpa vidare med bokprojektet. **Sebastian Holtze** och **Annica Larsson**, tack för att ni hjälpte mig med att få till den slutliga boktiteln. Ni kom med kommentarer och idéer som avgjorde hur boktiteln till sist blev.

Jag vill så klart också tacka min underbara familj, min fru **Pernilla** och mina barn **Sofia** och **Linnea**, som stöttat mig på otaliga sätt genom detta långa bokprojekt. Utan er hade jag aldrig orkat slutföra projektet.

Slutligen vill jag tacka alla engagerade **nyhetsbrevsläsare**, som initialt kom med ovärderliga idéer på vad jag skulle skriva om och som sedan kommit med återkoppling på utkast jag skickat ut. Dessutom har ni bidragit med många uppmuntrande och glada tillrop genom hela processen. Ett stort tack till alla er.

KÄLLFÖRTECKNING

Böhm, Jorge. (red.). *Portugal Vitícola: O Grande Livro das Castas.* Lisboa: Chaves Ferreira Publicações, 2005.
Faustino, Rolando. (red.). Instituto da Vinha e do Vinho, I.P. *Catálogo das Castas para Vinho Cultivadas em Portugal.* Lisboa: Chaves Ferreira Publicações, 2011.
Instituto da Vinha e do Vinho. *Castas mais utilizadas.* 2018. www.ivv.gov.pt/np4/35. Hämtad 2021.
Instituto da Vinha e do Vinho. *Lista de Castas.* 2018. www.ivv.gov.pt/np4/33. Hämtad 2021.
Maul, Erika. (red.). *Vitis International Variety Catalogue.* Julius Kühn-Institut. www.vivc.de. Hämtad 2021.
Mayson, Richard. *The Wines of Portugal.* Oxford: Infinite Ideas, 2020.
Robinson, Jancis, Harding, Julia, Vouillamoz, José. *Wine Grapes: A Complete Guide to 1,368 Vine Varieties, Including Their Origins and Flavours.* London: Penguin Group, 2012.
Tischelmayer, Norbert. *Wein Plus Lexikon.* glossar.wein.plus. Hämtad 2021.

REGISTER ÖVER DRUVSORTSNAMN

A

abrunhal; *se* bastardo 91, marufo 117
abundante; *se* aragonez 24
agodello; *se* gouveio 61
agodenho; *se* gouveio 61
agronómica 151
água santa 153
agudanho; *se* gouveio 61
agudelha; *se* gouveio 61
agudelho; *se* gouveio 61
agudello; *se* gouveio 61
agudelo; *se* gouveio 61
agudenho; *se* gouveio 61
albino de souza; *se* touriga franca 34
alfrocheiro 47
alfrocheiro branco; *se* folgasão 177, tália 214
alfrocheiro preto; *se* alfrocheiro 47
alfrucheiro; *se* alfrocheiro 47
alicante; *se* alicante bouschet 50
alicante bouschet 50

alicante branco 83
alicante henri bouschet; *se* alicante bouschet 50
alva; *se* síria 72
alvadourão; *se* síria 72
alvadurão; *se* síria 72
alvaralhão; *se* alvarelhão 155
alvarelhao; *se* alvarelhão 155
alvarelhão 155
alvarelho; *se* alvarelhão 155
alvarellao; *se* alvarelhão 155
alvarinha; *se* alvarinho 21
alvarinho 21
alvaro de soire; *se* síria 72
alvaro de sousa; *se* síria 72
amaral 157
amostrinha; *se* preto martinho 201
antão vaz 85
antonio vaz; *se* antão vaz 85
aragón; *se* aragonez 24
aragones; *se* aragonez 24
aragonês; *se* aragonez 24
aragonez 24
aragonêza; *se* aragonez 24
arintho; *se* arinto 53
arinto 53 eller *se* dorinto 173, sercial 211
arinto branco; *se* dorinto 173, loureiro 64
arinto cachudo; *se* dorinto 173
arinto cercial; *se* arinto 53
arinto d'anadia; *se* arinto 53
arinto da terceira; *se* verdelho 233
arinto de alcobaça; *se* bical 56
arinto de bucelas; *se* arinto 53
arinto de trás-os-montes; *se* dorinto 173
arinto do dão; *se* malvasia fina 66
arinto do douro; *se* dorinto 173
arinto do interior; *se* dorinto 173
arinto do pico; *se* arinto dos açores 239
arinto dos açores 239 eller *se* sercial 211

arinto galego; *se* arinto 53, malvasia fina 66
arinto gordo; *se* tamarez 216, trincadeira das pratas 231
arinto no douro; *se* dorinto 173
arinto tinto; *se* aragonez 24
asal; *se* azal 89
asal espanhol; *se* arinto 53
asal galego; *se* arinto 53
assario/assário; *se* malvasia rei 115, malvasia fina 66
assário branco; *se* malvasia fina 66
assario do alentejo; *se* malvasia rei 115
avarilhão; *se* alvarelhão 155
avesso 87
azal 89
azal branco; *se* azal 89
azal da lixa; *se* azal 89
azal espanhol; *se* touriga nacional 37
azal tinto; *se* amaral 157
azar; *se* amaral 157
azedo; *se* borraçal 159

B

baga 28 eller *se* grand noir 181
baga de louro; *se* baga 28
baldoeira; *se* camarate 96
baldsena; *se* rabigato 129
barca; *se* tinta da barca 220
barcello; *se* barcelo 241
barcelo 241
barcelos; *se* barcelo 241
barroca; *se* tinta barroca 136
bastardhino; *se* bastardo 91
bastardinha; *se* bastardo 91
bastardinho; *se* bastardo 91
bastardo 91
bastardo castico; *se* castelão 31
bastardo espanhol; *se* castelão 31

bastardo negro; *se* alfrocheiro 47
bical 56
bical de bairrada; *se* bical 56
boal; *se* malvasia fina 66
boal bonifacio; *se* vital 147
boal branco; *se* alicante branco 83, malvasia fina 66
boal cachudo; *se* alicante branco 83, malvasia fina 66
boal carrasquenha; *se* mourisco branco 187
boal carrasquenho; *se* mourisco branco 187
boal da figueira; *se* tamarez 216
boal da graciosa; *se* malvasia fina 66
boal da madeira; *se* malvasia fina 66
boal de alicante; *se* alicante branco 83
boal prior; *se* tamarez 216, trincadeira das pratas 231
boca de mina; *se* tinta barroca 136
bogalhal; *se* borraçal 159
bomvedro; *se* tinta caiada 218
bonvedro; *se* tinta caiada 218
bornal; *se* avesso 87
bornão; *se* avesso 87
borraçal 159
borraçal branco; *se* avesso 87
borraco; *se* borraçal 159
borrado das moscas; *se* bical 56
borral; *se* avesso 87
brancelho; *se* alvarelhão 155
branco espanhol; *se* arinto 53
branco redondo; *se* loureiro 64
branco redondos; *se* loureiro 64
branquinha; *se* tália 214
broncellao; *se* alvarelhão 155

C

cachorrinho; *se* sercial 211, uva cão 267
cachudo; *se* malvasia fina 66
cainho bravo; *se* amaral 157

cainho gordo; *se* borraçal 159
cainho grande; *se* borraçal 159
cainho grosso; *se* borraçal 159
cainho míudo; *se* amaral 157
cainzinho; *se* amaral 157
caladoc 94
camarate 96 eller *se* tamarez 216
camarate tinto; *se* camarate 96
carabunera; *se* touriga nacional 37
caracol 243
carão de moça; *se* folgasão 177
carnal; *se* diagalves 105
carrasquenho; *se* baga 28, mourisco branco 187
carrega; *se* carrega branco 98
carrega besta; *se* rabigato 129
carrega branco 98
carrega somera; *se* carrega branco 98
carrega tinto; *se* tinta grossa 263
carrego burros; *se* baga 28
carvalha; *se* azal 89
carvalhal; *se* azal 89
cascudo; *se* casculho 161
casculho 161
casculo; *se* moreto 122
castelão 31
castelão da bairrada; *se* camarate 96
castelão do nosso; *se* camarate 96
castelão francês; *se* castelão 31
castelão nacional; *se* camarate 96
castellam; *se* castelão 31
castellao; *se* castelão 31
castellao portugues; *se* castelão 31
castico; *se* castelão 31
castiço; *se* trincadeira 41
catelão; *se* castelão 31
cerceal; *se* arinto 53, cerceal branco 163
cerceal branco 163 eller *se* cercial 165
cerceal du douro; *se* cerceal branco 163

cerceal na bairrada; *se* cercial 165
cercealinho; *se* sercialinho 257
cerceo; *se* cerceal branco 163
cercial 165 eller *se* cerceal branco 163, jampal 249
cercial da bairrada; *se* cercial 165
cercial do douro; *se* cerceal branco 163
cercial du dão; *se* cerceal branco 163
chapeludo; *se* arinto 53
chardonnay 100
chavacana; *se* carrega branco 98
coda; *se* síria 72
códega; *se* síria 72
códega de larinho; *se* códega do larinho 167
códega do larinho 167
colgadeira; *se* carrega branco 98
colhão de gallo; *se* síria 72
complexa 169
cornifeito; *se* cornifesto 103
cornifesta; *se* cornifesto 103
cornifesto 103
cornifesto no dão; *se* cornifesto 103
cornifesto tinto; *se* cornifesto 103
cornifresco; *se* cornifesto 103
crato branco; *se* síria 72
crato preto; *se* trincadeira 41
crato tinto; *se* trincadeira 41
côdega larinho; *se* códega do larinho 167

D

dependura; *se* diagalves 105
diagalves 105
diego alves; *se* diagalves 105
diogalves; *se* diagalves 105
don pedro; *se* padeiro 191
dona branca; *se* síria 72
donzelinho branco 171

donzelinho do castello; *se* donzelinho tinto 245
donzelinho tinto 245
donzellinho branco; *se* donzelinho branco 181
donzelynho; *se* donzelinho tinto 245
dorinto 173
dourada; *se* galego dourado 247, loureiro 64
douradinha; *se* tália 214
douradinho; *se* tália 214
dourado; *se* galego dourado 247, loureiro 64

E

encruzado 107
esfarrapa; *se* borraçal 159
esgana; *se* sercial 211
esgana cão; *se* touriga franca 34, sercial 211
esgana de castelo de paiva; *se* sercial 211
esganoso; *se* sercial 211
esganoso de castelo de paiva; *se* sercial 211
esganoso de penafiel; *se* sercial 211
espadeiro 175 eller *se* trincadeira 41
espadeiro basto; *se* vinhão 78
espadeiro da terra; *se* espadeiro 175
espadeiro da tinta; *se* vinhão 78
espadeiro de basto; *se* vinhão 78
espadeiro do basto; *se* espadeiro 175
espadeiro preto; *se* vinhão 78
espadeiro redondo; *se* borraçal 159
espadeiro tinto; *se* espadeiro 175
estreito; *se* rabigato 129

F

falso mourisco; *se* marufo 117
farmento; *se* tinto cão 229
fernan fer; *se* diagalves 105
fernão pirão; *se* fernão pires 58

fernão pires 58
fernão pires de beco; *se* fernão pires 58
fernao pires do beco; *se* fernão pires 58
fernão pires galego; *se* bical 56
fernão pires tinta; *se* jaen 111
folgasão 177
folgosão; *se* folgasão 177
folgusão; *se* folgasão 177
folha de figueira; *se* tamarez 216
fonte cal 179
fonte da cal; *se* fonte cal 179
fonte de cal; *se* fonte cal 179
fontecal; *se* fonte cal 179
formosa; *se* diagalves 105
formosa dourada; *se* diagalves 105
formosa portalegre; *se* diagalves 105
fulgação; *se* folgasão 177

G

gadelhudo; *se* azal 89
gaeiro; *se* fernão pires 58
gaieiro; *se* fernão pires 58
galego; *se* alvarinho 21, galego dourado 247, malvasia fina 66
galego dourado 247
galeguinho; *se* alvarinho 21
gallego; *se* galego dourado 247
gallego dourado; *se* galego dourado 247
gião; *se* jaen 111
godelho; *se* gouveio 61
gorda; *se* tinta gorda 141
gouveio 61
gouveio real 109
graciosa; *se* bastardo 91, síria 72
gracioso; *se* síria 72
grand bouschet; *se* grand noir 181
grand noir 181

granua; *se* grand noir 181
grossa; *se* tinta grossa 263

J

jaen 111
jaen du dão; *se* jaen 111
jaen galego; *se* jaen 111
jaen tinto; *se* jaen 111
jampal 249
jampaulo; *se* jampal 249
joão de santarém; *se* castelão 31
joão paolo; *se* jampal 249
joão santarém; *se* castelão 31

L

lambrusco de alentejo; *se* tinta caiada 218
listão; *se* malvasia rei 115
listrão; *se* malvasia rei 115
lobão; *se* tinta carvalha 139
locaia; *se* alvarelhão 155
loureiro 64
loureiro tinto; *se* jaen 111

M

malmsey; *se* malvasia cândida 251, malvasia fina 66
malvasia; *se* malvasia de colares 253, malvasia de são jorge 183, tamarez 216
malvasia b de s. jorge; *se* malvasia de são jorge 183
malvasia branca; *se* síria 72
malvasia branca de s. jorge; *se* malvasia de são jorge 183
malvasia branca de são jorge; *se* malvasia de são jorge 183
malvasia cândida 251
malvasia corada; *se* vital 147

malvasia de colares 253
malvasia de são jorge 183
malvasia fina 66 eller *se* vital 147
malvasia fina do douro; *se* vital 147
malvasia grossa; *se* síria 72
malvasia preta 113
malvasia rasteiro; *se* manteúdo 185
malvasia rei 115
malvazia; *se* malvasia de são jorge 183, malvasia rei 115
manteúdo 185
manteúdo branco; *se* manteúdo 185
manteúdo do algarve; *se* manteúdo 185
mantheudo; *se* manteúdo 185
maria gomes; *se* fernão pires 58
marufa; *se* marufo 117
marufo 117
marufo roxo; *se* marufo 117
marujo; *se* marufo 117
médoc; *se* rabo de ovelha 131
merlot 119
molar; *se* tinta negra 226
molinha; *se* fernão pires 58, tamarez 216
molinho; *se* fernão pires 58
molinho do vau; *se* tamarez 216
monvedro; *se* tinta caiada 218
monvedro de sines; *se* tinta caiada 218
monvedro do algarve; *se* tinta caiada 218
monvedro tinto; *se* tinta caiada 218
moreto 122 eller *se* camarate 96, malvasia preta 113
moreto de soure; *se* camarate 96
moreto do alentejo; *se* moreto 122
moreto do douro; *se* camarate 96
morisco; *se* mourisco branco 187
morito; *se* moreto 122
morraca; *se* borraçal 159
mortágua; *se* camarate 96, castelão 31, touriga nacional 37, trincadeira 41
mortágua de vide preta; *se* camarate 96

mortágua preto; *se* touriga nacional 37, trincadeira 41
moscatel branco; *se* moscatel galego branco 69
moscatel de jesus; *se* moscatel galego branco 69
moscatel de setúbal; *se* moscatel graúdo 124
moscatel do douro; *se* moscatel galego branco 69
moscatel galego; *se* moscatel galego branco 69
moscatel galego branco 69
moscatel graúdo 124
moscatel preto; *se* moscatel galego branco 69
moscatel roxo; *se* moscatel galego branco 69
moscato galego dourado; *se* galego dourado 247
mourico; *se* marufo 117
mourisco; *se* malvasia rei 115, marufo 117, mourisco de semente 189
mourisco arsello; *se* mourisco branco 187
mourisco branco 187
mourisco de braga ; *se* mourisco de semente 189
mourisco de semente 189
mourisco du douro; *se* marufo 117
mourisco portalegre; *se* mourisco branco 187
mourisco preto; *se* marufo 117
mourisco roxo; *se* marufo 117
mourisco tinto; *se* marufo 117
mureto; *se* malvasia preta 113, moreto 122
mureto do alentejo; *se* moreto 122
murteira; *se* trincadeira 41
muscatel bravo; *se* rabigato 129

N

não há; *se* rabigato 129
negra mole 127
negramole; *se* negra mole 127
negrão; *se* vinhão 78
negro mouro; *se* camarate 96, malvasia preta 113

O

padeiro 191 eller *se* espadeiro 175
padeiro de basto; *se* espadeiro 175, padeiro 191
padeiro tinto; *se* espadeiro 175
paga dívida; *se* baga 28
pau ferro; *se* tinta caiada 218
pé de perdiz; *se* alicante bouschet 50, grand noir 181
pé de perdiz branco; *se* arinto 53
pe de pombo; *se* grand noir 181
pé de rato; *se* alfrocheiro 47
pedernã; *se* arinto 53
pedernão; *se* arinto 53
pedrena; *se* arinto 53
penamacor; *se* rufete 133
pendura; *se* diagalves 105
pendura amarela; *se* diagalves 105
perdigão; *se* arinto 53
periquita; *se* castelão 31
pérola; *se* alicante branco 83
perrel; *se* tinta caiada 218
perrum 193
perrum branco; *se* perrum 193
petit verdot 195
pilongo; *se* alvarelhão 155
pinhão; *se* vinhão 78
pinheira; *se* azal 89
pinheira branca; *se* jampal 249
pinheira roxa; *se* malvasia preta 113
pinot noir 198
pintado das moscas; *se* bical 56
pintado dos pardais; *se* bical 56
piriquita; *se* castelão 31
piriquito; *se* castelão 31
pirruivo; *se* alvarelhão 155
poeirinha; *se* baga 28
poeirinho; *se* baga 28

preto foz; *se* tinta caiada 218
preto gordo; *se* tinta carvalha 139
preto joão mendes; *se* tinta caiada 218
preto martinho 201 eller *se* trincadeira 41
preto martinho do oeste; *se* preto martinho 201
preto mortágua; *se* touriga nacional 37
preto rifete; *se* rufete 133

R

rabigata; *se* fonte cal 179
rabigato 129 eller *se* donzelinho branco 171, rabo de ovelha 131
rabigato respigueiro; *se* rabigato 129
rabo de asno; *se* rabigato 129
rabo de carneiro; *se* rabigato 129
rabo de gato; *se* rabigato 129
rabo de ovelha 131
rabo de ovelha tinto; *se* trincadeira 41
rabo de ovella; *se* rabo de ovelha 131
ramisco 255
ramisco de colares; *se* ramisco 255
ramisco nos açores; *se* ramisco 255
rifete; *se* rufete 133, touriga franca 34
rodrigo affonso; *se* rabigato 129
rosete; *se* rufete 133
rosete espalhado; *se* trincadeira 41
rosette; *se* rufete 133
roupeiro; *se* síria 72, tamarez 216
roupeiro cachudo; *se* síria 72
roupeiro de alcobaça; *se* síria 72
rufeta; *se* rufete 133
rufete 133

S

saborinho; *se* tinta negra 226
sabro; *se* síria 72

salgueirinho; *se* encruzado 107
santarém; *se* castelão 31
santo estevao; *se* tamarez 216
sarcial; *se* sercial 211
sarigo; *se* mourisco branco 187
sauvignon; *se* sauvignon blanc 203
sauvignon blanc 203
seara nova 206
sémillon 208
seminário; *se* malvasia rei 115
serceal; *se* sercial 211
sercealinho; *se* sercialinho 257
sercial 211
sercialinho 257
serradelo; *se* alvarelhão 155
serradillo; *se* alvarelhão 155
shiraz; *se* syrah 75
síria 72
sousão; *se* vinhão 78
sousão de correr; *se* vinhão 78
sousão do oeste; *se* grand noir 181
sousão forte; *se* vinhão 78
souzão; *se* vinhão 78
sumo tinto; *se* alicante bouschet 50, grand noir 181
syrah 75

T

tália 214
tamares; *se* tamarez 216
tamarez 216 eller *se* trincadeira das pratas 231
tamarez branco; *se* tamarez 216
terrantes; *se* donzelinho branco 171
terrantes da terceira; *se* arinto dos açores 239
terrantes do pico; *se* terrantez do pico 261
terrantez 259 eller *se* arinto dos açores 239, donzelinho branco 171, folgasão 177, terrantez do pico 261

terrantez da madeira; *se* folgasão 177, terrantez 259
terrantez da terceira; *se* arinto 53, arinto dos açores 239
terrantez do pico 261 eller *se* malvasia fina 66
thalia; *se* tália 214
tinta amarela; *se* trincadeira 41
tinta amarelha; *se* trincadeira 41
tinta amarella; *se* trincadeira 41
tinta bairrada; *se* baga 28
tinta barca; *se* tinta da barca 220
tinta barroca 136
tinta bastardeira; *se* cornifesto 103
tinta bastardinha; *se* alfrocheiro 47
tinta caiada 218
tinta cam; *se* tinto cão 229
tinta cão; *se* tinto cão 229
tinta carvalha 139
tinta carvalha du douro; *se* tinta carvalha 139
tinta coimbra; *se* touriga fêmea 265
tinta da bairrada; *se* baga 28
tinta da barca 220
tinta de alter; *se* moreto 122
tinta de baga; *se* baga 28
tinta de escrever; *se* alicante bouschet 50
tinta de frança; *se* tinta francisca 222
tinta de madeira; *se* tinta negra 226
tinta do minho; *se* donzelinho tinto 245
tinta do padre antónio; *se* tinta miúda 224
tinta dos pobres; *se* espadeiro 175
tinta femia; *se* borraçal 159
tinta fina; *se* alicante bouschet 50, grand noir 181
tinta francesa; *se* alicante bouschet 50, grand noir 181
tinta francesa de viseu; *se* alfrocheiro 47
tinta francesca; *se* tinta francisca 222
tinta franceza; *se* tinta francisca 222
tinta francisca 222
tinta francisca de viseu; *se* alfrocheiro 47
tinta gorda 141 eller *se* tinta barroca 136
tinta grossa 263 eller *se* tinta barroca 136, tinta caiada 218

tinta grossa d'alentejo; *se* tinta grossa 263
tinta lameira; *se* tinta caiada 218
tinta lisboa; *se* bastardo 91
tinta manuola; *se* trincadeira 41
tinta miúda 224
tinta nacional; *se* vinhão 78
tinta negra 230
tinta negra mole; *se* tinta negra 230
tinta pinheira; *se* rufete 133
tinta roriz; *se* aragonez 24
tinta santiago; *se* aragonez 24
tinta vigária; *se* tinta barroca 136
tinto cam; *se* tinto cão 229
tinto cão 229 eller *se* padeiro 191
tinto de parada; *se* vinhão 78
tinto matias; *se* padeiro 191
tinto nacional; *se* vinhão 78
tintorro; *se* tinta caiada 218
tinturão; *se* alicante bouschet 50, grand noir 181
torneiro; *se* espadeiro 175
torres de algarve; *se* tinta caiada 218
torrontés; *se* bical 56, fernão pires 58
touriga; *se* touriga franca 34, touriga nacional 37
touriga brasileira; *se* touriga fêmea 265
touriga fêmea 265
touriga fina; *se* touriga nacional 37
touriga franca 34
touriga frances; *se* touriga franca 34
touriga francesa; *se* touriga franca 34
touriga nacional 37
tourigao; *se* touriga nacional 37
tourigo; *se* touriga nacional 37
tourigo antigo; *se* touriga nacional 37
tourigo antiguo; *se* touriga nacional 37
tourigo do dão; *se* touriga nacional 37
tourigo fêmea; *se* touriga fêmea 265
tourigo francês; *se* touriga franca 34
tourigo nacional; *se* touriga nacional 37

tragadura; *se* trajadura 143
trajadura 143
trinca-dente; *se* trajadura 143
trincadeira 41 eller *se* castelão 31, trajadura 143
trincadeira das pratas 231
trincadeira preta; *se* trincadeira 41
trincadente; *se* trajadura 143
trujidera; *se* marufo 117

U

uva cão 267 eller *se* sercial 211
uva das eiras; *se* caracol 243
uva gallega; *se* alvarelhão 155
uva rei; *se* marufo 117

V

val de arintho; *se* arinto 53
vale grosso; *se* manteúdo 185
varancelha; *se* alvarelhão 155
véozinho verdeal; *se* viosinho 145
verancelha; *se* alvarelhão 155
verdelho 233 eller *se* gouveio 61, gouveio real 109
verdelho branco; *se* verdelho 233
verdelho branco dos açores; *se* verdelho 233
verdelho da madeira; *se* verdelho 233
verdelho do dão; *se* gouveio 61
verdelho dos açores; *se* verdelho 233
verdelho pico; *se* verdelho 233
vide preta; *se* camarate 96
vinhão 78
viosinho 145
vital 147

Printed in Poland
by Amazon Fulfillment
Poland Sp. z o.o., Wrocław